AF579639

YO VI NACER A LA REPÚBLICA POPULAR CHINA

MARÍA LUISA VÁSQUEZ

Yo vi nacer a la República Popular China

MIS MEMORIAS

Fondo Editorial La Escarcha Azul, Mérida, Venezuela
Colección "Diván calígrafo"

Yo vi nacer a la República Popular China.
Mis memorias

Primera Edición
Fondo Editorial La Escarcha Azul-Fundalea, Mérida, Venezuela.

Depósito legal ME2021000284
ISBN 978-980-6394-73-5

Diseño editorial:
Reinaldo Sánchez Guillén

A Ana Isabel, Valjova y Caribay, mis nietas,
la historia que tantas veces me pidieron.
Escrita con premura antes de que la memoria,
el tiempo vivido, me quitara.

A mis hijos Rafael y Urquía,
sin ellos este pequeño esfuerzo
de lo que vi hace tantos años
no hubiese nacido

ÍNDICE

Presentación

El trabajo *Yo vi nacer a la República Popular China* representa las memorias de María Luisa Vásquez, única ciudadana venezolana testigo del nacimiento de dicho Estado asiático. María Luisa Vásquez se encontraba en el exilio en México durante la dictadura venezolana de Marcos Pérez Jiménez, cuando fue invitada oficialmente por la Federación Mundial de la Juventud Democrática a visitar China en 1954.

La autora –oriunda del estado Lara– es una luchadora social desde tiempos de su adolescencia. Participó en la campaña alfabetizadora de adultos de 1945. Fundó y lideró la Unión de Muchachas Venezolanas (UMV) en el Zulia lo que le costó la expulsión de la universidad, la detención arbitraria y más tarde su salida del país.

En el presente libro, María Luisa Vásquez narra sus vivencias en México donde conoció a los artistas Frida Kahlo y Diego Rivera. Estuvo invitada a participar en el comité organizador del Festival Internacional de la Juventud a celebrarse en Guatemala, cuando se produjo la invasión a ese país y fue derrocado el presidente Jacobo Arbenz. Visitó varias capitales en la Europa de la post guerra en su tránsito hacia Pekín. Tuvo el honor de haber sido invitada a recepciones ofrecidas por los líderes chinos Zhou Enlai y Mao Zedong. Dichas experiencias son conducidas en el libro a través de reflexiones históricas asociadas a cada contexto vivido por la autora.

Estas memorias coinciden con el centenario de la fundación del Partido Comunista de China, fecha oportuna para presentar el trabajo de nuestra nonagenaria María Luisa Vásquez y revivir de cerca los acontecimientos que dieron lugar a la promulgación de la Primera Constitución y las elecciones de las autoridades de la naciente república. A los sesenta y siete años de estos históricos momentos es de gran pertinencia presentar las memorias de esta venezolana en China en las circunstancias de hermandad en que se encuentran ambos países en la conformación de un nuevo mundo multipolar.

Prólogo

Recorrido de vida y memoria de una joven a sus 23 años

Cómo no impactarse con la lectura de un libro, sobre una parte del inicio de la historia de la República Popular China, que nos impresiona desde el comienzo, si bien hoy en día observamos otras realidades no tan expectantes. Y es que, desde la candidez de una joven adolescente, inquieta en el ser y el hacer para dejar una huella humana en lo productivo y creativo. Lo que se observa en todas sus acciones por lograr su participación social activa, desde su relación con los compañeros de escuela, de liceo. Algo le decía, desde muy joven, a María Luisa Vásquez nacida en 1931, que los ciudadanos nacían para el hacer, no para el contemplar con las manos cruzadas en la nada.

Así, esta extraordinaria mujer, desde muy jovencita no solo aprendía para ella, también para que su grupo cada vez más a amplio, y comunitario, obtuviera logros, a fin de que nuestro país, Venezuela, fuera grande, evolucionado, productivo; de funcionamiento y orden para labrar un futuro grandioso en todos sus habitantes. Y, además, por conformar grupos de conciencia, rebeldes con causa, en búsqueda de una nación distinta a la que observaba en ese entonces, por la que fue duramente perseguida. Evolución que, al parecer consiguió en otro país, en la República Popular China, cuando le tocó huir, muy jovencita, a los 18 años, luego de ser perseguida por intentar cambiar la mente de los ciudadanos, de su pequeño entorno, para un terruño más evolucionado.

Y encontró esa patria, en la República Popular China, la admiró, la veneró, aunque para muchos de los observadores, un poco más lejanos, comprendemos que era un lindo sueño que muchos hubiésemos querido que fuese realidad, hoy en día, y en especial una enseñanza para todo el globo terráqueo.

Su mirada de joven anhelante de un paraíso social, es respetable como su amorosa mirada de un mundo espiritual, que nos alegra y nos sana de tantos miedos, de las luchas sociales entre países que se hacen daño, en lugar de apoyarse en un crecimiento como el que esta joven escritora soñó, y muchos de nosotros seguimos soñando para la toda la humanidad.

Profesora María Luisa Lázzaro
Mérida-Venezuela

Preámbulo

Un día cualquiera del año 2020, al encender el televisor, vi desfilar en la pantalla imágenes sorprendentes de la nueva República Popular China. Se sabe que es el país más poblado del mundo, con más de 1.400 millones de habitantes, que es el más extenso del planeta por superficie terrestre detrás de Rusia y Canadá, que tiene un paisaje vasto y variado desde estepas hasta desiertos, bosques inmensos y la más importante cordillera que es el Himalaya. Se sabe igualmente que sus ríos, el Yangtsé y el Amarillo, son el tercero y sexto más largos del mundo que se deslizan desde las mesetas tibetanas hasta desembocar en las pobladas costas de oriente. Que tiene un pasado remoto en torno a los dos mil años antes de Cristo, su civilización es una de las más antiguas del mundo, su sistema político estaba sustentado por monarquías hereditarias conocidas como *dinastías*. La última fue derrocada en 1911 y fue en 1949 cuando se proclamó la República Popular China. Es miembro permanente en el Consejo de Seguridad de la ONU desde 1971 después de largos combates legales y políticos, lugar ocupado en ese organismo internacional que por derecho propio le correspondía. También hoy es la economía de más rápido crecimiento en el mundo, alcanzando en el año 2014 la primacía mundial en términos de PIB. Es considerada como una superpotencia emergente. Tiene el ejército más numeroso del mundo. Posee armas nucleares. China es, además, el primer exportador e importador de bienes y la primera potencia industrial.

En la década de 1990, debido al rápido crecimiento, China sacó a cientos de millones de personas de la pobreza. Se estimaba, para entonces, que cerca del diez por ciento de la población aún vivía en esa lamentable línea. En el año 2013, esa tasa era del seis por ciento. Hoy, 25 de febrero del 2021, el presidente de China Xi Jinping hizo la declaración formal de que en la República Popular China se había acabado con la pobreza.

Pero, lo que más me asombró aquel día cualquiera del año 2020 fue cuando la pantalla de televisión fue mostrando las nuevas imágenes de las ciudades chinas con sus relucientes edificios, rascacielos imponentes, amplias avenidas hermosamente iluminadas, veloces automóviles deslizándose fugaces sobre el pavimento, los trenes más rápidos del mundo, que incluyen los de levitación magnética, uniendo las recónditas urbes, redes de autopistas superiores a los 85 mil kilómetros de extensión, impecables carreteras penetrando hasta lejanas y pequeñas partes del país asiático. China ha desarrollado un sistema de trenes subterráneos que ha logrado cubrir las necesidades de las grandes poblaciones. Las vías marítimas y fluviales han sido bases fundamentales para el gran desarrollo del país. Sus principales puertos como son Shanghái, Tianjin y Cantón son brazos abiertos a los mares del mundo. Así los pueblos unidos entre sí rompen el aislamiento de los miles de años.

Quedé admirada y conmovida por el documental que estaba viendo y me dije: "¡Pero, si yo estuve allí! ¡La vi nacer! ¡La vi dar sus primeros pasos! ¡Estuve presente cuando se firmó su acta fundacional!". Esa república estaba naciendo sobre los escombros causados por la guerra, la miseria y los miles de años de constantes invasiones. Pocas vías de comunicación, pueblos aislados, la salud sin auxilio, escasez en el pan, en la vivienda, en el saber; todo un panorama de pobreza que yo, llegando de un país subdesarrollado como Venezuela, no había visto nunca en tal nivel.

Las últimas dos guerras que precedieron a esta república fueron contra Japón –rendida en 1945 durante la Segunda Guerra Mundial– y contra el partido nacionalista del Kuomintang liderado por Chiang Kai-shek que, derrotado, fue a refugiarse a la isla de Taiwán en 1949, fecha del triunfo total del Partido Comunista Chino con Mao Zedong a la cabeza.

Estaba empezando una nueva etapa dirigida a crear las bases para mejorar el nivel de vida del campesinado chino, cuyas dificultades se centraban en la falta de tierras, medios de comunicación y transporte. Las extensas tierras eran propiedad de unos pocos. El 80% de las mismas estaban en poder de una minoría. La creación de una ley de reforma agraria era de carácter prioritario. Por tal motivo se creó una legislación moderada y por etapas que echó las bases para mejorar el nivel de vida del campesino. De los años 1949 a 1954 fue la primera fase que alcanzó un significativo aumento de la producción agrícola. En 1953 se comprobó que los campesinos estaban preparados para aceptar la próxima etapa de cooperativas semisocialistas que estaba basada aún en la propiedad semiprivada de la tierra. Para 1954, la pobreza extrema existía, pero cubriendo de esperanzas la extensa población campesina. Solo habían pasado cinco años del arribo al poder del Partido Comunista Chino y Mao Zedong como su proclamado presidente.

Cuando llegué a Pekín los primeros días de agosto del año 1954, la república preparaba sus primeras elecciones generales. Se elegían 1.226 delegados para constituir el Primer Congreso Nacional del Pueblo. Ese congreso después de prolongados debates, cumplió con su principal misión que era darle a la República Popular China su primera Constitución, base jurídica fundamental para su existencia como Estado.

El 20 de septiembre se promulgó dicha constitución y el 27 de ese mismo mes se eligieron las autoridades que regirían el destino de la naciente república. Los líderes estatales votados fueron Mao Zedong, presidente; Zhu De, vicepresidente; Zhou Enlai, Premier del Consejo de Estado; Dong Biwu, presidente del Tribunal Supremo Popular; Zhang Dingcheng, Procurador General de la Fiscalía del Pueblo.

El día de la proclamación de Mao como presidente hubo en Pekín un estallido de alegría. El pueblo salió a la calle, la Plaza Tiananmén colmada, fuegos artificiales, canciones, algarabía, himnos de triunfo retumbaban por toda la ciudad.

Yo no pude incorporarme a las desbordantes manifestaciones por estar recluida en el hotel por un fuerte resfriado debido al cambio de temperatura: había regresado de Cantón –allá un sofocante y húmedo calor– y en Pekín, un frío casi invernal. Me resigné a ver desde lejos el cielo asediado de luces de colores.

La República Popular China enarbolaba su primera Constitución, su acta legal de nacimiento, un hecho histórico... y yo estaba allí.

La siembra

Hoy saco de mis envoltorios de recuerdos un cumpleaños muy especial que celebré lejos de mi patria y de mi familia. Fue en la recién fundada República Popular China, en Pekín, su capital. Fecha, 13 de agosto de 1954. ¿Qué hacía yo tan lejos de mi ciudad natal, Barquisimeto? ¿Qué hacía en medio de tantas personas recibiendo saludos y canciones en tantos idiomas y rostros diferentes? ¿Y un día de mi cumpleaños?

El porqué, empezó varios años atrás. Me encontraba de tránsito en Maiquetía, en el litoral venezolano, por cuestiones de salud, un día del 18 de octubre de 1945. Para mi asombro esa madrugada emergió con plomo, cañones en el puerto vomitando fuego, aviones con vuelos rasantes, con ronquidos feroces, despertando pueblos y asustando pájaros.

Había un alzamiento militar contra el presidente General Isaías Medina Angarita. Surgieron focos de resistencia, pero en vano: el General Medina Angarita entregó el mando. Caído el gobierno, los golpistas victoriosos asumieron el poder y constituyeron la Junta Revolucionaria de Gobierno compuesta por cuatro dirigentes de Acción Democrática: Rómulo Betancourt, quien la presidió y los doctores Luis Beltrán Prieto Figueroa, Gonzalo Barrios y Raúl Leoni y dos oficiales del ejército, Carlos Delgado Chalbaud, asesinado posteriormente y Mario Vargas.

Todo fue euforia. Se deseaba y esperaba un futuro estable y feliz. Regresé a Barquisimeto a terminar la escuela primaria. El concepto del mundo que me rodeaba había cambiado. Aprendí que había otro mundo más allá de las fronteras familiares. Había presenciado un alzamiento militar contra un gobierno que ni cuenta me había dado que existía. Y la violencia, y unas armas, y unos hombres que disparaban. Descubrí que había otros intereses más grandes de personas, de pueblo, de naciones que yo no conocía. Necesidades de grupos humanos que tampoco conocía.

Por eso, cuando el nuevo gobierno lanzó la campaña alfabetizadora de adultos, me aboqué a ella con pasión, con emoción y con alegría. Arengué a las casi doscientas muchachas que integraban mi Escuela Leopoldo Torres. Las invité a afiliarse a la campaña, a buscar con cariño y voluntad a personas adultas para enseñarles a leer y a escribir. Teníamos que estar en el primer puesto como la legión con más números de alfabetizados en el estado Lara. Yo había sido elegida comandante y tenía que dar ejemplo. La tarea no era sencilla. Las personas no se entregaban tan fácilmente a la enseñanza. Alegaban varios motivos: el trabajo, los hijos, la timidez y el dicho que reza "loro viejo no aprende a hablar".

Se estableció una competencia "feroz" entre los diferentes institutos educacionales. Lo recuerdo. Fue hermosa y combativa la campaña. Una que evoco con mucho cariño fue la que se estableció entre la Escuela Riera Aguinagalde, todos varones, famosos por la disciplina y la formación académica, pero también por las buenas peleas que se suscitaban entre ellos fuera de clase y contra otros colegios. Estos muchachos dieron la gran batalla pues lograron alfabetizar un mayor número de adultos. Pero nosotras, las de la Leopoldo Torres también fuimos combativas y persuasivas. Llegamos a los barrios, visitamos casa por casa, hicimos todo lo que podíamos para captar voluntades. Pero los muchachos daban clases nocturnas en los barrios. Por eso nos superaron.

Para evaluar la marcha de la campaña se convocó una reunión con representación de todas las legiones alfabetizadoras del estado Lara. La sede señalada: el Teatro Juárez, de Barquisimeto. El primer punto de la agenda fue elegir una junta directiva que se encargaría de la dirección del debate. Los delegados lanzaron sus candidatos. Empezó el susurro de la contienda. Para la presidencia fue propuesto el de la Riera Aguinagalde y la Leopoldo Torres me postuló a mí. Otros candidatos fueron inscritos, pero la competencia se centró entre estos dos primeros. Ganaron ellos. Yo quedé de vicepresidenta. Fue un gran triunfo para las muchachas que tanto esfuerzo combativo aportaron a la campaña. Los demás cargos fueron ocupados por los estudiantes visitantes.

Los resultados de la campaña de alfabetización fueron positivos gracias a la organización, al corazón que se le puso y a la combatividad fraternal que se le imprimió. Fue una hermosa jornada y, creo, que en gran parte el objetivo se alcanzó. Las metas que nos exigieron fueron realmente básicas: conocer las letras, tratar de unirlas para formar palabras y, desde luego, aprender a firmar.

Otra gran tarea de lucha juvenil que se nos presentó fue con la promulgación de un decreto ley, el 321 de fecha 29 de mayo de 1946. Según ese decreto, las pruebas o los exámenes finales de julio quedaban descartados para los alumnos de los planteles oficiales con un promedio de 15 puntos o más, por decisión del maestro o del consejo de profesores, según el caso.

Por otra parte, se realizaría una sola prueba y sin el jurado de tres miembros como era lo establecido. La calificación definitiva se lograría sumando el 80% del promedio de las calificaciones bimestrales y el 20% de la calificación final. La polvareda que este decreto levantó fue fenomenal. Por un lado, los colegios privados, católicos y laicos, protestaban contra la promulgación del referido decreto y, por otro lado, los colegios oficiales lo apoyaban. El combate desbordó las calles. Yo estaba entre los que marchaban bandera en mano defendiendo lo justo de la promulgación, ya que la formación académica que se recibía en educación oficial primaria, secundaria y Normal era evidentemente superior a la de los institutos privados. En estos últimos, el 75% de las asignaturas eran impartidas por personas que no poseían título alguno. En cambio, en los institutos oficiales, para ser maestros o profesores se requería un título en su especialidad.

A las calles fueron los estudiantes de los planteles privados, alegando que el decreto los colocaba en condiciones de inferioridad ante los alumnos de los institutos oficiales y pedían al gobierno la reforma de la referida ley. Los que defendíamos el decreto también permanecimos en la calle con marchas, consignas y charlas en las aulas y fuera de ellas. Explicábamos que una de las funciones más importantes era velar, proteger y fomentar una sólida formación integral y que el paso dado por el ministerio, al asumir el control de la educación, era una forma positiva de desarrollo. Destacábamos el aspecto revolucionario que tanto temor había despertado en los altos poderes eclesiásticos, económicos y sociales. Estos alegaban que el decreto era una estrategia totalitaria para llegar al comunismo. Fue un duro combate contra la tesis del Estado docente.

Los colegios privados inscritos en el ministerio de educación consignaron un *memorándum* ante la Junta Revolucionaria de Gobierno presidida por Rómulo Betancourt rechazando el referido decreto. Por otra parte, lo defendían la Confederación de Jóvenes de Venezuela y la Federación de Estudiantes.

Siguieron las manifestaciones en pro y en contra. La Federación Venezolana de Maestros, el Colegio de Profesores y la Federación de Trabajadores ordenaron un paro simbólico de tres horas. Los obreros del Distrito Federal abandonaron el trabajo y se realizó en Caracas una grandiosa manifestación en repudio a las fuerzas reaccionarias. En todas las ciudades del interior del país los estudiantes tomamos las calles, luchamos con fe y pasión en pro del decreto porque lo creíamos justo, por primera vez sentimos lo que es un Estado protector: Luchamos a su lado y nos abandonó. Sentimos rabia y mucha tristeza.

A pesar del empuje del movimiento de masas, cada vez más creciente, el decreto 321 fue sustituido por el triste decreto 344, espejo de la derrota y de la claudicación. Según el nuevo instrumento legal, los alumnos de cuarto y sexto grado, así como los de educación secundaria y Normal con promedio de 10 o más puntos quedaban promovidos automáticamente a los grados o cursos inmediatos superiores.

Como consecuencia de ello, el ministro de educación Humberto García Arocha y sus directores sectoriales renunciaron. El decreto 321 que tanta oposición trajo en los colegios privados, en el clero, en las monjas y en las demás capas de la "sociedad" hizo tambalear al gobierno, muy a pesar del enorme apoyo que llenó las calles con las más grandes manifestaciones de esos años.

El presidente Rómulo Betancourt, frente a la decidida oposición del poder económico, se lavó las manos diciendo que él no había sido consultado. Así terminó la historia del famoso decreto 321. De esa lucha, emergimos con nuevas experiencias y comprendimos que los grandes intereses económicos frenan el avance ideológico de las naciones, que el mundo se divide en bloques y descansan sobre las espaldas fatigadas de los pueblos. Esas jornadas juveniles que con tanto fervor recorrí, me abrieron el abanico de los caminos a seguir.

Meses después de las jornadas derivadas del decreto 321, ingresé al Liceo Lisandro Alvarado de Barquisimeto. Allí me incorporé a las actividades culturales. Me gustaba recitar y lo hacía con frecuencia en los actos que se hacían en el liceo. Me uní a los ensayos del orfeón que dirigía Vinicio Adames, quien logró éxitos nacionales e internacionales en su carrera musical desarrollada en Caracas, entre otros, al frente del Orfeón de la Universidad Central de Venezuela.

Con el coro del Lisandro Alvarado hicimos algunas giras por el país. Una de las que recuerdo fue la realizada al Liceo Agustín Codazzi de Maracay, estado Aragua, donde también recité unos cuantos poemas y el orfeón se lució con sus magníficas interpretaciones. Fueron más de tres días de encuentros fraternales entre los alumnos de los dos liceos. Regresamos a Barquisimeto.

Esta agrupación coral representa una de las primeras no eclesiásticas del país. Si se considera que para ese entonces se habían fundado el Orfeón Lamas, el Orfeón del Liceo Andrés Bello, el Orfeón de la Universidad Central de Venezuela, el Orfeón de la Academia de Música del Táchira, la Coral Venezuela y el Orfeón de Mérida (más tarde, Orfeón de la Universidad de Los Andes), el del barquisimetano Liceo Lisandro Alvarado sería el séptimo coro creado en el país.

La exitosa carrera de Vinicio Adames se vio truncada en 1976: el orfeón universitario y su director se dirigían a la catalana ciudad de Barcelona para participar en la X edición del Día Internacional del Canto Coral. El avión Hércules de la Fuerza Aérea Venezolana en el que viajaban, estando a 200 metros de la pista del Aeropuerto de Lajes, en las Islas Azores, se vino a tierra provocando la muerte de sus 68 ocupantes. Tal suceso provocó gran conmoción en la población venezolana.

El país seguía su rumbo. Una vez derrocado el presidente Medina Angarita, la Junta de Gobierno que lo sustituyó convocó elecciones generales para una asamblea constituyente y para un presidente. En las elecciones para la asamblea constituyente concurrieron los partidos Acción Democrática (AD), Comité de Organización Política Electoral Independiente (Copey), Unión Republicana Democrática (URD), cuyo máximo líder fue el Dr. Jóvito Villalba y el Partido Comunista (PCV) que participó por primera vez en unas elecciones con su nombre. Este último había sido legalizado en 1944 bajo la presidencia de Medina Angarita.

La asamblea constituyente fue ganada abrumadoramente por Acción Democrática. El poeta Andrés Eloy Blanco fue elegido como presidente de la misma. Esta asamblea convocó a elecciones presidenciales. Tres fueron los candidatos: Rómulo Gallegos, Rafael Caldera y Gustavo Machado. Gallegos obtuvo la mayoría con 871.752 sufragios de un total de 1.183.154 votantes. Fue el primer presidente elegido de manera directa, universal y secreta. En una formal, solemne y esperada ceremonia tomó posesión de la Presidencia de la República el famoso e insigne novelista Don Rómulo Gallegos, el día 15 de febrero de 1948.

Desde que este asumió la presidencia, los rumores de conspiración salieron a correr como el viento por las calles. Rumores que Acción Democrática negaba. El mismo presidente Gallegos, al ser interrogado por el periodista Miguel Otero Silva, sobre el asunto dijo: "los rumores alarmistas son infundados". Y en broma agregó: "¿No me ves con las pantuflas puestas? No se usan para correr".

Para calmar al pueblo, el dirigente político Rómulo Betancourt sugirió al ministro de la defensa, Carlos Delgado Chalbaud, que declarase ante la Asamblea Constituyente en forma precisa y contundente con el fin de detener los insistentes rumores. A esa comparecencia lo acompañó la plana mayor de las Fuerzas Armadas: el teniente coronel Marcos Pérez Jiménez y el mayor Luis Felipe Llovera Páez. En ese trío descansó la seguridad del gobierno de Gallegos. La alocución no convenció a nadie. Fue un discurso frío e hipócrita. La expectativa y el suspenso aumentaron con el discurso. Todos quedamos atados al cordel de las noticias. El mandato de Gallegos fue efímero: nueve meses después de asumir, un golpe de Estado lo derrocó, fraguado por los mismos oficiales que en alianza con Acción Democrática, tres años antes, habían depuesto al General Medina Angarita. Llegó la noche del 24 de noviembre de 1948 y el golpe de Estado, tan divulgado, se había consumado; el telón del drama bajó en silencio y sin aplausos.

Ascendió al poder una junta militar. Los golpistas eran los mismos actores que ejercían el gobierno depuesto. El teniente coronel Carlos Delgado Chalbaud presidía la junta. Marcos Pérez Jiménez y Luis Felipe Llovera Páez completaban el triunvirato. Una de sus primeras decisiones fue enviar al derrocado presidente Gallegos al exilio. Luego disolvieron el Consejo Supremo Electoral, la Asamblea Constituyente y hasta los consejos municipales. La junta de *facto* prohibió las actividades de las organizaciones políticas Acción Democrática y Partido Comunista de Venezuela. Sus militantes fueron perseguidos, encarcelados y desterrados. Los partidos Copey y URD siguieron actuando legalmente.

Nosotros los jóvenes nos preguntábamos antes esta situación: ¿Dónde estaba el pueblo? ¿Dónde los dirigentes? ¿Dónde los líderes que ocupaban el poder defenestrado que no salieron a defender al gobierno que el pueblo había elegido con tan abrumadora mayoría? ¿Cuál era la táctica del momento? ¿Correr? ¿Esconderse? ¿O quedarse esperando lo que lo que iba a suceder?

En el Liceo Lisandro Alvarado declaramos una huelga por un día. Nos concentramos en las canchas deportivas. Arengamos a los compañeros. Les explicamos la gravedad de la situación y les dijimos que la libertad estaba siendo amenazada y que debíamos prepararnos para la resistencia. Ese día nos desalojaron del liceo, lanzándonos bombas lacrimógenas. El tiempo siguió corriendo. Regresó al país el exmandatario general Isaías Medina Angarita, quien murió poco tiempo después y su entierro fue una gran manifestación popular, conmovedora expresión de un pueblo a un buen presidente.

La nueva junta militar entró a gobernar sin tapujos y sin disimulos: suspendió las garantías constitucionales, censuró los medios de comunicación y cerró la Universidad Central de Venezuela.

Dentro del gobierno usurpador surgieron corrientes políticas divergentes. Los militares ambicionaban los beneficios que se pudiesen lograr de las fabulosas riquezas minerales del país. Delgado Chalbaud pensó en una salida civil y electoral, buscó soluciones justas y pacíficas. Su pasado influyó. Su padre, el general Román Delgado Chalbaud luchó contra la tiranía del general Gómez. En el año 1929 organizó una invasión para derrocarlo. El 12 de agosto de ese año, el barco Falke llegó a Cumaná y a bordo venía un grupo de jóvenes bajo su mando. Entre ellos, su joven hijo Carlos. La invasión ya había sido delatada por el cónsul de los Estados Unidos en Alemania, quien avisó a su gobierno y este, al general Gómez. Por lo tanto, el resultado fue trágico y absurdo: Román Delgado Chalbaud murió cruzando el puente del río Manzanares y otros más cayeron en el combate. Su hijo logró salvarse y volvió a Francia, donde tenía años de residencia. Allí vivió la época del ascenso del fascismo alemán. Se suponía que dentro de ese círculo él debería tener otra concepción del mundo y de la política. Su destino fue más trágico que el de su padre, porque murió asesinado, atado a una silla sin poderse defender. El cobarde crimen fue ejecutado el 13 de noviembre de 1950. Con su muerte quedó el camino abierto para el ascenso de Marcos Pérez Jiménez.

Se abrió un camino muy duro para el país. Acéfala la presidencia de la junta, Pérez Jiménez frenó su ambición de poder y fue nombrado en el cargo, el Dr. Germán Suárez Flamerich. Venezuela tenía un presidente, pero este "ni reinaba, ni gobernaba" y eso lo sabía el país.

El pueblo bullía en la calle. Se sentía el calor de la inconformidad. Las universidades y los liceos realizaban concentraciones relámpagos, denunciando atropellos y violaciones a los más elementales derechos.

En el Liceo Lisandro Alvarado, de Barquisimeto, el año 1951 fue de gran actividad. Mi casa fue varias veces centro de reuniones para preparar y realizar los eventos políticos en la institución. Cuando mi padre preguntaba qué hacía un grupo de muchachos en la casa, le respondía que estábamos haciendo un trabajo asignado por el profesor de la materia.

Entre las actividades que frecuentemente realizábamos recuerdo los paros y los lanzamientos de volantes, que llamábamos octavillas, contra el régimen. No descansábamos. Almacenábamos reservas de agua embotelladas para mojar los pañuelos que nos protegían de los gases lacrimógenos. La teníamos que embotellar porque el suministro de agua de las tuberías lo suspendían para evitar que nos resguardásemos del ataque. Así transcurrió el año 51: de protesta, de discursos relámpagos y de huelgas.

Llegó el mes de noviembre. Un día, al pretender entrar al liceo, un funcionario policial me lo impidió, declarando que actuaba en nombre del director del plantel y demás miembros directivos, ya que habían decidido expulsar de la institución, por un año lectivo, a un grupo de estudiantes específicamente señalados. Entre ellos me encontraba yo. Recuerdo de ese grupo a Omar Cadenas, Víctor Montes de Oca y otros.

Esta decisión fue acatada por todos los institutos oficiales de secundaria del país. Acudimos a varios de estos planteles y en todos fuimos, evidentemente, rechazados.

Llegó el mes de enero del año 1952 y sin esperanza de terminar el quinto año de bachillerato. Cuando ya había perdido la esperanza de lograrlo, llegó un mensaje de Caracas donde se informaba que en el Liceo Andrés Bello el director había considerado mi caso y me había aceptado. El director para ese entonces era Dionisio López Orihuela. En ese instituto me gradué de bachiller el 16 de julio de 1952. Una vez dado mi último examen, regresé a Barquisimeto, dispuesta a continuar mis estudios universitarios. Para esa época, solo funcionaban en Venezuela tres universidades. Me inscribí en la Universidad del Zulia. En el mes de septiembre inicié las clases.

La situación del país seguía convulsionada. La junta de gobierno convocó elecciones para una asamblea constituyente. Para ello, se promulgó un estatuto electoral que promovía un reglamento para el funcionamiento de los partidos políticos. Allí se estableció contundentemente que ni Acción Democrática, ni el Partido Comunista podían participar. El partido Unión Democrática Republicana (URD) anunció que iría a dichas elecciones. Con URD se convino que miembros del Partido Comunista se incluirían en sus listas.

Se encendió la esperanza de las masas populares. Yo tenía dos frentes de lucha: el electoral, organizando al pueblo a votar por nuestros candidatos de las listas de URD. La otra tarea que tenía era fundar y organizar la Unión de Muchachas Venezolanas (UMV) que en Caracas estaba iniciando con gran éxito sus actividades. Fue constituida formalmente en marzo de 1951, dirigida por Esperanza Vera y conformada por jóvenes muchachas. Mi tarea fue fundar y organizar la UMV en el estado Zulia. Esta misión me enorgullece haberla realizado con gran efectividad. Nos planteamos diversas actividades deportivas, teatrales, bailables y de relaciones de solidaridad y asistencia mutua. Elegimos una junta directiva cuya función era estudiar y planificar las tareas. Fui elegida como presidenta. El trabajo a realizar era arduo. Nos enfocamos en los barrios y en las actividades en tiempos libres de sus habitantes. Observábamos las inclinaciones que tenían. Le dedicamos tardes enteras a conversar sobre nuestra organización, las metas que teníamos planteadas y el deseo cada día de ser más fuertes en vista de lograr nuestros objetivos.

En pocos meses habíamos logrado una masiva y ordenada estructura. Nos fueron cedidas algunas canchas deportivas abandonadas. Otros terrenos nos fueron dotados para actividades deportivas y artísticas. Conseguimos un director de coros. Formamos un grupo vocal. Hicimos algunas presentaciones públicas en Maracaibo. Así mismo, fundamos un ensamble de danzas típicas.

Cuando ya estábamos trabajando con solidez organizativa, convocamos una jornada dedicada a las jóvenes deportistas. Hicimos una gran promoción propagandística por radio y prensa escrita, lo que despertó un enorme interés en la población. El día se iniciaba con un desfile que estaría encabezado por nuestra invitada especial, Alicia Salazar, campeona nacional de ciclismo. Luego hacían acto de presencia la directiva de la Unión de Muchachas Venezolanas y representantes de los diversos equipos deportivos venidos de diferentes regiones del Zulia.

Había gran público en la avenida. Cuando se iba a iniciar el desfile, observé que se colocaba a nuestro lado un militar con un impecable uniforme y en el pecho le colgaban más estrellas que en el cielo. Nos dijo que era representante del alto mando militar y que nos acompañaría en la ceremonia. Las muchachas más politizadas del grupo pensamos que esa presencia era un mal augurio para nuestra actividad. El día terminó conforme a lo planeado y con gran éxito.

Posteriormente decidimos realizar otro festival. Esta vez en un local cerrado que nos fue cedido por los padres de una joven del grupo en un club donde eran miembros accionistas. Allí intercambiamos bailes folklóricos, cortas escenas de teatro humorístico, conjuntos de música popular e interpretación de canciones. Para finalizar la jornada se tocó música bailable.

Cuando estábamos en el momento de mayor alegría, en las puertas del club se oyeron voces y movimientos nerviosos. Prestamos atención y observamos la entrada en forma violenta de la temible policía política del régimen, la Seguridad Nacional (SN). Nos dijeron que todas estábamos detenidas. Cundió el pánico. Las muchachas lloraban. Nos ordenaron salir. A ellas las condujeron a un autobús y a mí, me llevaron a unas de las patrullas. Al llegar al edificio de la SN, a las muchachas les comunicaron de forma amenazante que esa era una organización comunista y que la intensión de llevarlas era para dejarlas detenidas. Pero como los servicios de inteligencia creían que todas habían caído inocentemente en esa organización, las dejarían libres. No obstante, a mí efectivamente me dejarían detenida por ser la "cabecilla" de la organización.

Cundió nuevamente el llanto y las protestas hasta que una de ellas alzó la voz y exclamó: "¡Si la compañera presidenta se queda, nos quedamos todas!". Las jóvenes apoyaron con valor la propuesta, pero seguían las lágrimas y los lamentos.

Me pasaron a la oficina del director del cuerpo policial, de nombre Medina Maduro. Llenó una planilla con mis datos, amenazó con todos los castigos que se le pasaron por la mente y terminó diciendo que me dejaría libre, pero sería constantemente vigilada. Con abrazos de alegría me recibieron las muchachas. Les di las gracias por su solidaridad.

Después de la violencia y amenazas desatadas sobre la organización, fue muy difícil continuar con las actividades y, a raíz de aquello, se fue disolviendo la Unión de Muchachas Venezolanas, capítulo Zulia. A pesar de que el movimiento "umevista" se desintegró, siempre será un recuerdo alentador la imagen de aquellas muchachas que por encima del miedo supieron mantener la solidaridad y el valor.

Ante los planteamientos electorales propuestos desde el gobierno, las masas populares los tomaban con alegría y confianza. El clima era tenso. Crecía la esperanza de abrir las puertas a tantos presos y perseguidos políticos. Así mismo, se esperaba el regreso de los desterrados y el fin de la censura que ponía tanta mordaza a la información. Toda esa pesadilla se quería desterrar con el voto. El ministerio de relaciones interiores decidió por los oradores que intervendría y fiscalizó las giras de los dirigentes políticos de la oposición. Contra viento y marea, la campaña electoral continuó con fuerza y entusiasmo a medida que penetraba en la vorágine de la contienda electoral. El gobierno confiaba en el triunfo de su organización, el Frente Electoral Independiente (FEI). Pensaba y así lo declaró que el pueblo estaba cansado "de gobiernos y de partidos". Estaba seguro del triunfo y de su fácil alcance.

Se acercaba la fecha de las elecciones. El entusiasmo y la combatividad aumentaban. Para cerrar la campaña electoral, se celebró en el Nuevo Circo de Caracas un mitin convocado por URD. El orador de orden fue Jóvito Villalba. Ese mitin fue considerado el más gigantesco de la década de 1950. Las consignas eran "por una Venezuela sin perseguidos ni perseguidores", "libertad para los presos políticos", "regreso de los exiliados", "cierre de los campos de concentración", "no más censura". El gran clamor de las masas era: "¡Libertad!".

Llegó el 30 de noviembre de 1952, día del sufragio. Con la aurora llegó la gran sorpresa: la presencia multitudinaria del pueblo en las calles marchando hacia las mesas electorales. Había alegría y confianza en los votantes. Todos pensaban que ganaríamos. El gobierno las tenía perdidas. Por la tarde, el triunfo se evidenciaba aplastante. Recorríamos por diferentes zonas las mesas electorales y en todas era abrumador el triunfo de URD. Las bases de los partidos quisieron salir a las calles a festejar. Los dirigentes de URD lo impidieron. Pensaron que eran unos resultados tan evidentes que el gobierno los respetaría.

Llegó el primero de diciembre. Fue de asombro: por órdenes del ministerio de relaciones interiores los periódicos y radioemisoras no podían difundir noticias ni información sobre las elecciones, solo se permitían los boletines provenientes del referido ministerio. URD había ganado las elecciones por amplia mayoría en todos los estados, menos en el Táchira. Los cables internacionales daban las cifras verídicas: URD había ganado. Silencio en el Palacio de Miraflores. El triunfo fue tan abrumador para las listas de candidatos de URD, que pasó mucho tiempo para que el gobierno participara al pueblo los resultados y lo hizo por medio de un recién nombrado consejo electoral. Las actas de escrutinio con los resultados dados a la prensa y a la radio dieron el triunfo al FEI. El golpe de Estado estaba consumado.

A los miembros de la junta de gobierno se les exigió la renuncia y fue designado presidente provisional de la república el coronel Marcos Pérez Jiménez. Este nombró su gabinete y se reservó para él nada menos que el ministerio de la defensa. El resultado que a continuación dio el nuevo gobierno de *facto* fue el siguiente: FEI, 60 diputados; URD, 29; Copei, 14. La oposición presentó las cifras verdaderas: URD, 67 diputados; Copei, 19; FEI, 17.

Ante esta usurpación de la verdad, URD, el partido ganador, no se atrevió a movilizar a su militancia, ni a encabezar una manifestación. Trató de buscar una salida negociada y lo que logró fue que varios de sus dirigentes fueran expulsados o "invitados a salir" del país, como se acostumbró a decir en el nuevo gobierno.

Con la consumación del fraude y el arribo al poder del coronel Marcos Pérez Jiménez se inició para Venezuela los años oscuros de la dictadura militar. Fue el período totalitario, marcado por la abolición de la libertad de expresión que convirtió a las cárceles en centros de torturas y muertes.

Se abrió un período de gran convulsión política, lucha de obreros en las fábricas, de estudiantes en los liceos y universidades. La Universidad Central de Venezuela estaba cerrada, mientras seguían abiertas las de Mérida y Zulia. Ambas convertidas en conductos de movilizaciones y combates. Yo continuaba asistiendo a clases en la Universidad del Zulia

(LUZ), pero luchando con los estudiantes, mis compañeros y denunciando el fraude electoral que tan palpable y descarado se había realizado.

Había que pregonarlo. Con tal fin, hacíamos mítines relámpagos, "mariposas" impresas, en fin, cualquier medio era utilizable para divulgar lo que pasaba en el país: persecución política, censura para los medios de información, detenidos por su consciencia y torturas en las cárceles. Estaba en juego la patria, la seguridad y la vida. La lucha sería larga, muchos sucumbieron, hombres y mujeres quedaron sembrados en el camino.

Nosotros, los jóvenes para ese entonces, en la parcela de la Universidad del Zulia dimos también nuestro combate y para callarnos, un día fuimos alcanzados por la autoridad represiva del rector de dicha institución. Dr. José Hernández D'Empaire. Este, mediante decreto, publicado en el *Diario Panorama*, de fecha 28 de abril de 1953, nos expulsaba a un grupo encabezado por el presidente de la Federación de Centros Universitarios. Dicha expulsión era efectiva por el término de un año, a partir de la fecha señalada en el decreto.

Las razones expuestas, según los considerandos que el rector alegó, se fundamentaban en el hecho de que la Federación de Centros Universitarios había pedido una autorización para celebrar una asamblea estudiantil, la cual fue negada ya que, de acuerdo a ellos, la misma trataría asuntos políticos. Otro de los considerandos afirmaba que, desde el mes de enero de ese año, los acusados habían mantenido en zozobra a la docencia universitaria, promoviendo disturbios y fomentando la indisciplina en los diversos sectores académicos. Un total de quince estudiantes fuimos los señalados: Federico Ifill, Omar Baralt, Alirio Navarro, Alí Padrón, Freddy José Melo, Douglas Bravo, Luis A. Cedeño López, Sofía Medina, Francisco José Zubillaga Silva, Juan Lamanna, Gabriel Farías Sánchez, Miguel Antonio Bellorín, Gilberto Rivas, Lino Martínez y yo.

Ese día 28 de abril, tenía mi primera hora de clase a las siete de la mañana. Llegué una media hora antes, sin haber leído la prensa. Nos enteramos de la noticia al llegar. Había gran agitación, comentarios. Nadie entraba a clase. La universidad era un núcleo de convulsión. Unos de apoyo a nosotros y otros en silencio cómplice. Luego nos informaron que el *campus* estaba siendo acordonado por la policía política del régimen, pidiendo identificación tanto a los que entraban como a los que salían con el objeto de detener a los estudiantes señalados en el decreto. Pensamos: ¿Cómo salir ahora de la universidad sin ser apresados? La solución nos la dio el director de Organización de Bienestar Estudiantil (OBE), el Dr. Pereda. Nos extendió un carnet que nos identificaba con nombres diferentes al nuestro y así logramos evadir el cerco policial. Pero, la persecución siguió: allanaron nuestros domicilios, amedrentaron a nuestros padres y representantes, por lo cual fue necesario buscar refugios diferentes a nuestros hogares, es decir, buscar "conchas".

En varios sitios me oculté, pero recuerdo dos: uno, en casa de una familia de clase media-alta, magnífica casa, gentil atención, buena comida formalmente servida pero, cada vez que sonaba el timbre de entrada daban unos saltos que casi rosaban el techo. El miedo los atormentaba, siempre creían que era la policía política en mi búsqueda.

Así no podíamos vivir; ni ellos, ni yo.

Pronto conseguí otro alojamiento. Esta vez en Cabimas. Era una familia muy pobre. Un matrimonio con tres niños. Ella, la esposa, vendía por las calles los pescados que él lograba conseguir. No obstante, eran optimistas, tenían fe, creían que luchando en las filas de sus sindicatos lograrían mejorar su situación tan precaria. En la cocina, sobre tres grandes piedras en el piso ponían las ollas o el budare. Luego introducían pedazos grandes de leña y encendían el fuego. La comida más común era plátanos verdes asados, un pedazo de queso y un tarro de café negro. Cuando había pesca, pescado asado y más plátanos verdes. Por la noche, para dormir, chinchorros para todos. Allí pasé casi dos semanas. Hasta que logré salir del estado Zulia con grandes precauciones. Recuerdo esa familia con agradecimiento y admiración. Nunca tuvieron miedo de mi presencia, a sabiendas de que era una perseguida política. Ojalá hayan logrado tiempos mejores. Nunca más volví a Maracaibo.

Regresé a Barquisimeto, mi tierra. Al llegar, mis padres me esperaban con las reprimendas del caso:

—"Luisa, quédate quieta. No te metas en tantos líos. Ya tienes dos expulsiones. Estudia y no mires más allá". Pero, yo seguí mirando más allá...

Luego de mi regreso, lo primero que hice fue entrar en contacto con unas jóvenes que tenían un núcleo aún pequeño de la organización. Venían con la experiencia de Maracaibo y con base en ella pude ganarme en poco tiempo su amistad y su confianza. Logramos realizar pequeñas actividades. Luego comprendí que las personas en esta región, no importando su edad, son un poco cerradas. Es difícil realizar planes comunes; me tropecé con prejuicios que frenaban la espontaneidad entre los grupos. Esta no era una organización elitista, no era un club social. Era una organización para aunar intereses con el fin de lograr más fácilmente las metas ya sean artísticas, deportivas, económicas que nos trazásemos.

En Maracaibo, en cambio, crecimos significativamente porque hubo amistad, solidaridad y, por encima de todo, pasión por el crecimiento de nuestra organización. El gobierno zuliano, creyéndonos subversivas, nos tuvo miedo y con su persecución policial nos destruyó.

En Barquisimeto, una vez establecida la relación de trabajo y de amistad con algunas muchachas, iniciamos el período de elaborar planes. Como lugar de reunión, ofrecí una casa que mis padres tenían desocupada transitoriamente en la calle 47. El camino a seguir fue invitar al mayor número de muchachas para unirlas a la organización. Elaboramos encuestas para conocer sus intereses, sus gustos y ayudarlas, en lo posible, a conseguir un futuro positivo. Con esfuerzo logramos aglutinar un grupo considerable de jóvenes.

Una vez alcanzado esto, convocamos un torneo femenino de bolas criollas. Un club juvenil deportivo obrero nos prestó sus instalaciones para tal fin. Logramos diversión y éxito. Las campeonas y subcampeonas recibieron trofeos donados por comerciantes locales. Posteriormente, nos llegó una convocatoria de Caracas: Con motivo de estar cumpliendo dos años de existencia la Unión de Muchachas de Venezuela, se había resuelto celebrar un festival nacional de la juventud. Allí se realizarían actividades deportivas, de pintura, de poesía y de manifestaciones tradicionales. Decidimos asistir, pero, para lograrlo teníamos que poner todo nuestro empeño lo cual implicaba creatividad, organización y trabajo.

En primer lugar, se requería un presupuesto para cubrir los gastos de transporte y viáticos en efectivo para lo previsto y lo imprevisto. El alojamiento estaba garantizado. Las muchachas se activaron inmediatamente: se organizaron rifas, se lograron recibir donativos de algunas personalidades. En el club deportivo antes mencionado celebramos una verbena. Escogimos un domingo y cobramos una módica entrada, dejando la participación gratis para los niños. Ofrecimos música, empanadas, gofios, acemas, quesos, panes dulces y salados, ensaladas variadas, refrescos, tizanas, chicha. Los estantes eran atendidos por nosotras mismas. Un conjunto de música larense tocó por unas horas gratis. La jornada resultó un éxito en cuanto a la asistencia y a lo económico.

Una vez conseguido los gastos del viaje, había que obtener los permisos de los padres y representantes de las muchachas. La tarea de hablar con ellos me tocó a mí. Para unas fue negada la autorización y para otras, se logró, pero, con la condición de que yo las acompañara. Contratamos un autobús y con veinte muchachas, marchamos a Caracas.

Con recibimiento fraterno y cariñoso hicimos nuestro arribo. Fuimos alojadas en las casas de los familiares de las "uemevistas". A mí me tocó la casa de Martina Guerra. Nos hicimos amigas. Era hermana de Rafael Guerra Ramos, dirigente del Partido Comunista de Venezuela en el estado Lara, a quien después conocí en México y le dije:

—"Yo viví en tu casa y dormí en tu habitación".

El festival de Caracas fue un éxito. En la Casa Guárico se efectuó el acto folklórico alegre y colorido. El Festival de la Joven Pintura se realizó en la Asociación Venezolana de Periodistas. El primer premio fue para el larense Sócrates Escalona. El Festival Deportivo se llevó a cabo en Estadio Brígido Iriarte. Encabezaron el desfile Wolfgang Larrazábal, presidente del Instituto Nacional de Deporte y Esperanza Vera, presidenta de la UMV. En general, la organización del evento y el alojamiento de las muchachas delegadas fueron impecables. Los actos realizados contaron con gran asistencia de público. Los vínculos de las muchachas se afianzaron y como organización, crecimos. Ese fue el balance de nuestro encuentro.

Regresamos a Barquisimeto con la misión cumplida y la moral bien alta, base para seguir trabajando con entusiasmo en las tareas futuras que ya veníamos tejiendo por el camino.

En Venezuela la situación política seguía alterada. El pueblo sin apaciguarse, ya que después del triunfo apabullante del partido de oposición Unión Republicana Democrática, el gobierno desconoció tales resultados, adjudicándoselos ellos mediante un descomunal fraude electoral. El descontento se desató inundando las calles del país. El gobierno lanzó una represión contra los que no aceptaban tamaña decisión. Las cárceles se llenaron y otros se fueron por el camino del exilio.

En medio de esta situación, conocí en Barquisimeto a Alberto Lovera, dirigente del Partido Comunista de Venezuela. Venía de los campos petroleros donde desarrolló una gran labor sindical. Alberto Lovera estaba incluido en la plancha de URD por el estado Lara para las elecciones ya mencionadas. Resultó electo por dicho estado como representante ante el Congreso Nacional. Este cargo no lo asumió como protesta ante el referido fraude, alegando que quien había logrado el gran triunfo había sido Jóvito Villalba, líder de la campaña, tildándolo, Lovera, de "sumiso y conformista".

La UMV, pese a todo, siguió con sus actividades propias de nuestra organización. Habíamos conseguido un local en un edificio en el centro de la ciudad donde frecuentemente nos reuníamos para enhebrar nuestros proyectos, ya que aumentábamos en número y en ambiciones. Cerca de nuestro local había una librería que yo visitaba asiduamente. Allí veía por las tardes regularmente a Alberto Lovera, quien asistía para charlar sobre la situación y los acontecimientos últimos del país. Luego me enteré, debido a circunstancias posteriores, que allí se reunían clandestinamente algunos miembros del Partido Comunista de Venezuela.

Una tarde, saliendo de la librería, recuerdo que, con un lápiz en la mano, fui detenida en la puerta por una pareja de agentes de la Seguridad Nacional. Me preguntaron qué hacía yo allí. Mirándome a la mano, les contesto:

—"Buscando un lápiz".

Me obligaron a entrar nuevamente al local. En ese momento detienen a Alberto Lovera y juntos nos conducen a la sede de la policía. A él se lo llevaron por un largo pasillo y ya no lo vi más. A mí me sentaron en una oficina y, frente a mí, el jefe de la Seguridad Nacional. Me hizo un largo interrogatorio. Me preguntó qué hacía en esa librería. La misma respuesta:

—"Buscando un lápiz".

Siguió preguntando desde cuándo conocía yo a Alberto Lovera. Me pedía que le hablara sobre las actividades de la UMV, sobre su financiamiento, sobre el paradero de los multígrafos que nos servían para la publicidad. Fue un interrogatorio largo. Después de tantas preguntas y de advertirme que el camino al infierno era lo que me esperaba, me dejó en paz. Luego me condujeron a una oficina vacía, me sentaron en una silla metálica, cerraron la puerta con llave y se alejaron.

La tarde se apagó y llegó la noche. Quedé sola entre las sombras, unas cuantas sillas polvorientas, un surtidor de agua con un botellón vacío y una cesta llena de vasos plásticos usados. Afuera, alborotos de gritos, lamentos, súplicas de presos torturados, pasos apresurados, voces aisladas, insultos, pisadas contundentes de grupos que se alejaban y otros que recorrían los pasillos que iban y venían sin yo saber a dónde. Fue de trajín toda la noche. Frente a mi reja nadie se acercó y yo sola sentada en mi silla oyendo y sintiéndolo todo. Era la vida pasando por la muerte. Todo en una noche.

En la mañana siguiente cesó la violencia. Una calma dolorosa se sentía en el aire. Los pasos volvieron a su ritmo y hasta el dolor enmudeció. Yo seguía en la oficina. Sentía mucha sed. Pasó la mañana y yo sin agua y sin comida. Por la tarde un agente me llevó otra vez a la oficina del jefe. Estaba acompañado de mi padre, quien me había ido a buscar. El oficial nos dijo que yo quedaría en libertad, pero le aconsejó a mi padre que me sacara del país, ya que la próxima vez, la situación sería diferente. Agregó que sabía de mis actividades en Maracaibo y de mis pasos en Barquisimeto.

Salimos del edificio. Tenía más de 24 horas sin comer ni beber, pero plena de una noche de terror.

La noticia se transmitió inmediatamente, sobre todo entre las muchachas de la organización. A los pocos días, el gobierno ordenó la disolución de la UMV porque vio procederes subversivos en nuestra lucha. El régimen dictatorial asumía como subversión el conquistar mejores oportunidades para el estudio, para el trabajo, para el deporte, así como ampliar horizontes de lazos de amistad entre los jóvenes del mundo.

Tres años logró subsistir la Unión de Muchachas Venezolana, no obstante, pereció ante el aparato represivo de la dictadura. Dimos a la organización la sinceridad y el esfuerzo de nuestro trabajo. La solidaridad de nuestros brazos, la energía fresca de nuestra juventud.

Tomada la involuntaria decisión de abandonar el país, me trasladé a Caracas para organizar el rumbo que tomaría. Quería continuar mis estudios de derecho y resolví viajar a México.

Frida en el ocaso

Llegué a México a principios del mes de mayo del año de 1954, "invitada" a salir de mi país por el gobierno dictatorial del General Marcos Pérez Jiménez. Mi propósito: inscribirme en la Universidad Autónoma de México para continuar mis estudios de derecho. Una vez instalada, fui a la universidad a efectuar dicha inscripción la cual logré sin dificultad; debo destacar las especiales atenciones que me brindaron los representantes de la Federación de Estudiantes que en todo momento me acompañaron en los trámites requeridos y me presentaron algunos alumnos; los que serían mis futuros compañeros de estudio.

Sabía que en México vivía un grupo numeroso de exiliados venezolanos: adecos, comunistas, ueredistas y otros. Inmediatamente establecí relaciones con algunos de los camaradas como Gustavo Machado y Elsa, su esposa, Pedro Veroes, exdirector del diario *Últimas Noticias* de Caracas, y su familia, Fernando Key Sánchez, su esposa Graciela y sus tres hijos que fueron para mí la familia en el exilio. El Dr. Héctor Marcano Coello, médico pediatra, con toda su numerosa familia, formaba parte igualmente de este grupo de compatriotas. También se encontraba en México el doctor Manuel Adrianza Hernández, con su esposa y sus dos hijas; él estaba haciendo un posgrado en cardiología. Tenía una hermosa y amplia casa y a ella fui invitada a residenciarme. Una vez caída la dictadura y asumido el poder los adecos-copeyanos, el Dr. Adrianza fue Ministro de Sanidad de Carlos Andrés Pérez.

Así mismo, hacían vida en el país azteca el poeta Andrés Eloy Blanco y Don Rómulo Gallegos, famoso novelista y presidente de Venezuela por nueve meses, depuesto por un golpe de Estado. También se encontraban jóvenes como Jesús Sanoja, Guillermo Besember, Porfirio Gómez, Héctor Rodríguez Bauza, entre otros.

A finales del mes de junio de ese mismo año, me llamó el camarada Gustavo Machado para informarme que desde Caracas me habían designado para que me incorporara al comité organizador del Festival Internacional de la Juventud. Este se iba a celebrar en Guatemala. Allá se encontraba un camarada venezolano desde hacía unos días, pero se necesitaban refuerzos. Acaté la designación y empecé a preparar el viaje.

Llegó la víspera de mi salida. Con el pasaje de avión y mi maleta preparada, el sábado 27 de junio de ese año 1954, por la noche, me despidieron un grupo de amigos y camaradas en casa de los Key Sánchez. Era una reunión festiva, alegre, brindaban por mi éxito en la futura tarea. Consejos y orientaciones hacia mí era el *leitmotiv* que me daban en todas partes.

De pronto... por la televisión, un aviso de última hora: Guatemala estaba siendo invadida por un ejército extranjero y su capital, bombardeada. El presidente Jacobo Arbenz acababa de renunciar. Nos quedamos en silencio total. Después surgieron los comentarios. La invasión la veíamos venir. Estaba preparada y financiada por los Estados Unidos, a quienes no les convenía el gobierno democrático presidido por Jacobo Arbenz. Este había obtenido el poder en marzo de 1950 como resultado de unas elecciones limpias y democráticas con la participación de varias tendencias y partidos políticos. Bajo su mandato, puso en ejecución la reforma agraria, repartió entre los campesinos más de cien mil parcelas de tierra y los ayudó con créditos bancarios. La poderosa multinacional United Fruit Company, que operaba desde hacía años en ese país, fue afectada por la expropiación de las mencionadas parcelas. Esto chocó con sus intereses. La compañía poseía la explotación del plátano, del café, del algodón y de la caña de azúcar. Además, era poseedora de 230 mil hectáreas, controlaba los tres puertos del país, el ferrocarril, los barcos de cargas y de pasajeros. En el país, veintidós latifundistas tenían más tierras que 265 mil campesinos. Estos últimos se veían obligados a vender el único bien: su fuerza de trabajo.

Las medidas del gobierno no agradaron ni a la compañía, ni a la oligarquía. Jacobo Arbenz fue derrocado ese 27 de junio de 1954: Yo me quedé con un pasaje en las manos y las maletas hechas. Esa misma noche, se desató la persecución y la violencia en las calles de Guatemala. Acechaban las casas de los partidarios, colaboradores y amigos del gobierno depuesto. Los jóvenes, que habían llegado para participar en la organización del Festival Mundial de la Juventud, fueron objeto de asedio. Allanaron la sede de la organización y la fuga se impuso. Uno de los que buscó asilo en la embajada de México fue Ernesto "Che" Guevara, quien era uno de los delegados del comité organizador del festival, para entonces un desconocido. Todos buscaron refugio donde fuese posible. Los que se asilaron en la embajada de México fueron llegando y contaron a la prensa y a los amigos la odisea que vivieron para poder salir de Guatemala.

Jacobo Arbenz confió en las fuerzas armadas y estas lo traicionaron. Unos opinaban que no combatió con resolución a los invasores. No informó con claridad a su pueblo, no los organizó, teniendo una población indígena del 70%. No circulaba en el país un periódico o boletín en el idioma de esas etnias. Decían que lo más grave era que no había ni un programa radial en lengua aborigen. La amenaza de los EE.UU. de intervenir era cierta y la invasión se produjo. En el territorio de Honduras se preparó, financió y armó al ejército mercenario al mando del coronel Carlos Castillo Armas.

Las voces amenazadoras de Washington dejaron de ser amenazas y se convirtieron en acción. Era para entonces presidente de los EE.UU. Dwight David Eisenhower y su secretario de Estado, Foster Dulles. En la propia embajada norteamericana salió la decisión de asesinar al presidente Jacobo Arbenz. Se le perdonó la vida porque se entregó sin resistir.

Así terminó la democracia frustrada de Guatemala. El coronel Castillo Armas, al asumir el poder devolvió las tierras expropiadas a la United Fruit Company y anuló la reforma agraria. Tres años más tarde murió asesinado por un miembro de su guardia personal.

En México, la repercusión de la caída del presidente Jacobo Arbenz fue noticia de primera plana. Se produjeron grandes manifestaciones en la calle. Una de ellas, la encabezó Frida Kahlo, esposa del gran pintor muralista Diego Rivera. Ella también era pintora y una luchadora revolucionaria militante del Partido Comunista Mexicano. La conocí personalmente en su casa de Coyoacán. Murió días después, el 13 julio de ese mismo año.

La frustración de ese viaje a Guatemala me libró de vivir una guerra. Me imaginaba llegando a ese país, a un aeropuerto donde nadie me esperaba, con un pasaje sin retorno, los encargados de recibirme huyendo, los teléfonos sin funcionar, la ciudad ardiendo por el bombardeo y yo sin saber a dónde ir o a quién llamar. Esa habría sido mi situación si el viaje se hubiese realizado.

Tenía muchos proyectos para realizar una vez terminada las actividades del festival. Uno de ellos era recorrer la Guatemala histórica. Me documenté bien. Leí su historia. Soñaba con ver los numerosos vestigios pertenecientes a la cultura Maya, los centros arqueológicos de la ciudad de Tikal, las pirámides, las estelas, las cerámicas, las numerosas ciudades que por milenios fueron sepultadas por bosques y selvas y abandonadas misteriosamente.

Para la historia, esas civilizaciones son un enigma y un desafío para la ciencia. Algunos estudios avanzados nos enseñan que los mayas fueron matemáticos geniales, uno de los primeros en emplear la cifra "o", hacían cálculos con números superiores al millón, pero ignoraban la división y las fracciones y nunca tuvieron idea de pesas y medidas. Fueron astrónomos prodigiosos, expertos en calendarios solares, más exactos que el nuestro. No conocieron el vidrio, por lo tanto, cualquier tipo de óptica.

No tenían instrumentos para medir con precisión horas, minutos o segundos, pero tenían un calendario más exacto que el nuestro. Emplearon el cemento para la construcción, pero desconocían la rueda y los animales de carga. Fueron maravillosos escultores. En materia agrícola, cultivaron el maíz, la yuca, el cacao, frijoles y chiles. En la jungla guatemalteca de Petén se desarrollaron grandes ciudades con un punto de máximo florecimiento cultural ubicado alrededor del siglo III de nuestra era. Se trata de un caso único, la existencia de una civilización nacida y desarrollada en el corazón de una selva tropical.

Hacia fines del siglo IX, cesó bruscamente toda actividad arquitectónica y cultural en las ciudades mayas y en el siglo X las monumentales ciudades de piedra quedaron abandonadas. La selva lentamente fue extendiendo su abrazo sombrío y cubriendo con su oscuridad la más hermosa civilización de la América precolombina. Todo quedó desierto como por arte de magia en una soledad absoluta. Todo lo abandonaron, el viaje fue sin retorno. Nadie volvió a hablar la lengua del misterio. Los monumentos, los palacios, las pirámides, los observatorios astronómicos quedaron solos a merced de los árboles y de las lianas que, tejiendo redes, abrazaron y formaron manto sobre las ciudades del enigma y del olvido.

No pudo ser. No conocí el mundo de los mayas ni esa vez, ni hoy.

Seguí con mi vida en México esperando el mes de septiembre que se iniciarían las clases en la universidad. Mientras, decidí conocer un poco la ciudad, sus monumentos precolombinos y coloniales, sus fabulosas artesanías, su gastronomía. Visité museos, sobre todo el Nacional de Antropología. Contemplaba vislumbrada por horas el pasado aborigen de los mexicanos. Visité la catedral que cobija la venerada imagen de la Virgen de Guadalupe y caminé el amplio Zócalo. Conocí los impresionantes murales de Diego Rivera en el Palacio Nacional.

Frecuentaba las reuniones de los amigos y camaradas residentes en el país, para conocer las últimas noticias procedentes de Venezuela. Siempre las mismas: persecuciones, presos, allanamientos a los hogares, torturas, muertes, destierros. La dictadura de Pérez Jiménez seguía implacable con su terror. Así como la represión en Venezuela seguía igual, también seguía igual la lucha inquebrantable de los combatientes por la libertad. La solidaridad del pueblo mexicano con las víctimas y asilados de nuestro país era impresionante. Partidos políticos, sindicatos, artistas, siempre prestos a enviar sus mensajes de aliento a los que allá luchaban por la vida. Un mensaje solidario de gran repercusión fue el enviado por el gran pintor y muralista Diego Rivera y su esposa Frida Kahlo. Rivera, junto con Siqueiro, José Clemente Orozco y Rufino Tamayo constituían el grupo más famosos de muralistas del siglo XX.

Frida era una pintora bastante conocida cuando la visité, pero no tenía la fama que la catapultó después de su muerte. Casada con Diego Rivera desde 1929, se divorciaron en 1939 pero al año siguiente se volvieron a casar. Diego ya había recorrido el mundo con su fama, había expuesto en 1933 sus murales en los Estados Unidos, en el Centro Rockefeller, situado en la 5ta Avenida de Nueva York, volvió a México y ese mismo año pintó el mural que está en el Palacio de Bellas Artes, muy cerca del Zócalo. En 1953, pintó en la Avenida de los Insurgentes, donde está el teatro del mismo nombre, uno de sus más famosos e importantes murales. En él está plasmada la historia de México desde la llegada de los españoles, la resistencia heroica de los aztecas, la derrota y el camino transitado con sus personajes de ayer y de hoy. Es la lucha histórica de un pueblo por conseguir el pan en una sociedad donde existe una abismal desigualdad entre ricos y pobres.

El mural del Centro Rockefeller fue mandado a destruir porque en él se había incluido un retrato del líder bolchevique, Vladimir Lenin. Ese mismo mural lo volvió a pintar en el Palacio de Bellas Artes de México. En su libro *Mi vida*, Diego Rivera escribió: "Quería que mi pintura reflejara la vida social de México, tal y como yo la veía y que a través de mi visión de la realidad mostrase a las masas el esquema del futuro".

Para agradecer al artista el solidario mensaje enviado a las fuerzas de resistencia venezolanas, fuimos escogidos tres exiliados residentes en México: Hernani Portocarrero, veterano combatiente revolucionario desde la presidencia del general López Contreras hasta la de Pérez Jiménez, Jesús Sanoja Hernández, joven periodista y yo.

Llegamos a su casa de Coyoacán una tarde del mes de junio de 1954. Al llegar nos hicieron pasar a un salón donde el maestro nos recibió. Después de los saludos, nos mandó a pasar a un estudio. Luego de las formalidades, él tomó sus pinceles y continuó pintando a una dama que, sobre una tarima, sentada en un elegante sillón, continuó impávida en su pose de modelo. La recuerdo, a pesar de los años transcurridos, con un vestido verde oscuro, descotado, hombros al aire, morena, unos cuarenta años de edad sin llegar a los cincuenta, collar y aretes color de esmeralda. No tenía la delgadez de las modelos por lo que supuse que era un trabajo por encargo. Volviendo al pintor, Diego era tal como lo había visto en la televisión y en los periódicos: muy alto, con un prominente abdomen, vestía una blanca bata sin abotonar, su rostro siempre serio. Entre pinceladas, se habló de política, del presente de Venezuela y de México, de la situación de las víctimas de la dictadura de nuestro país y del futuro que se vislumbraba. En medio de la conversación, se apareció una mujer con vestido blanco de enfermera y se dirigió a mí diciéndome:

—"La señora desea hablar con usted".

Pidiendo permiso a los presentes la mujer me invitó a que la acompañara. Caminamos por un pasillo, entramos a una habitación no muy grande con blancas paredes, una cama amplia y sobre ella, Frida Kahlo. Estaba semisentada, apoyada sobre grandes almohadones, frente a ella un pequeño cuadro a medio pintar sostenido sobre su cama por largas patas metálicas y en sus manos, los pinceles.

Me dijo que sabía que yo componía la comisión que la visitaba y que acababa de llegar de Venezuela. Que tenía interés en saber noticias recientes del trabajo y de las luchas de las mujeres en mi país. Seguía pintando.

Le hablé que mi mayor experiencia fue el trabajo en la Unión de Muchachas Venezolanas, cuyos objetivos se centraban en organizar a la juventud por medio de actividades culturales, deportivas y artísticas. Le conté que con gran alegría penetramos en todos los medios, llegamos a los barrios, nos informábamos sobre sus inquietudes, necesidades, aspiraciones. Le expliqué que tuvimos tal crecimiento que atrajimos la mirada represiva de la dictadura la cual terminó desmantelando a la organización. Agregué que algunas fuimos detenidas y perseguidas y que, pese a todo, fue una experiencia muy provechosa, sirviéndonos de base para la adopción de otros proyectos políticos.

Mientras yo hablaba, Frida, varias veces, me interrumpía para preguntar y para aclarar. Varias veces se quedó mirándome. No supe interpretar su mirada. Estaba ya muy enferma, inválida. Unas colchas le cubrían el cuerpo. Solo se le veían sus brazos y su cara. Su rostro casi siempre de perfil, pintando un cuadro que quizás haya sido el último, porque la visita fue en el mes de junio y ella murió el día trece del siguiente. Al despedirse, me dijo que siguiéramos luchando sin descanso y que llevara un abrazo de aliento a las muchachas venezolanas. Me dio la mano manchada de pintura y murmuró: "Adiós".

Regresé con mis camaradas. Nos despedimos de Diego Rivera, ratificándoles las gracias por su mensaje de solidaridad dirigido a nuestros combatientes. Rivera falleció el 24 de noviembre de 1957 en México y está enterrado en la Rotonda de las Personas Ilustres, en la cual se encuentran Siqueiros, Agustín Lara y otras destacadas personalidades.

Frida Kahlo había muerto tres años antes. Su vida fue una larga cadena de hechos y circunstancias trágicas. Nació el 6 julio de 1907, pero ella siempre insistió que nació en 1910 porque fue el inicio de la Revolución Mexicana. Quería que su vida comenzara con el México moderno. Este detalle es muestra de su singular personalidad. Su carácter independiente, rebelde y orgulloso de su mexicanidad y de su tradición cultural.

Ella nació en Coyoacán, al sur de la ciudad de México. Hay pocos datos de su infancia. Se sabe que con su madre tuvo una relación caracterizada por un sentimiento amor-odio. Su padre era epiléptico, pero tenía, hacia él, más cercanía. Fue alumna del Colegio Alemán hasta 1921. En 1922 ingresó a la preparatoria de la Escuela Normal de México, instituto de mucho prestigio. Al comenzar sus actividades, había una población inscrita de 35 niñas y 200 varones. Entre los varones se formó un grupo que se autodenominó Los Cachuchas y se definieron como rebeldes. Cuestionaban la autoridad, protestaban contra la injusticia y pedían la reforma del sistema escolar. Uno de los miembros de Los Cachuchas se hizo novio de Frida. En ese grupo nació el germen de la activista política. Esa vocación de luchar por los demás a pesar de todas sus desventuras y tragedias personales, no la abandonaron nunca. En esa agrupación también nació la Frida pintora, la artista que pudo lograr el reconocimiento internacional después de su muerte. En 1927 pintó en una tela una escena típica con estos amigos. Fue un óleo con estilo cubista y lo tituló Los Cachuchas. Sobre la tela escribió: "Si Adelita...". Hacía referencia a la canción popular de la Revolución Mexicana.

El 17 de septiembre de 1925 Frida Kahlo sufrió un accidente tan grave, que su vida cambió. El autobús en el que viajaba, regresando de la escuela a su casa, fue arrollado por un tranvía, quedando ella aplastada contra un muro. Como consecuencia del choque, la columna vertebral se le fracturó en tres partes, dos costillas en igual estado, la clavícula en tres partes, tres fracturas en el hueso pélvico, once fracturas en la pierna derecha y su hombro izquierdo se descoyuntó. Un pasamano la atravesó desde la cadera izquierda hasta salir por la vagina. Ella llegó a decir que así, en esa forma brutal, había perdido la virginidad. Fue sometida, por lo menos, a treinta y dos operaciones.

Su convalecencia fue dura y larga. Fue necesario colocarle correctores de yeso debido a su inmovilidad la cual más tarde se hizo relativa y así pudo volver a los pinceles, a sus telas, a sus colores, a sus cuadros. Un año después del accidente pintó su autorretrato. Se lo dedicó al novio. A medida que el tiempo transcurría su pintura se hizo más compleja. Así, en el año 27, pintó el retrato de un compañero del grupo en forma muy particular, lleno de simbolismo y de objeto que aluden a su nombre: Miguel Lira.

Después de haber pasado por largos y dolorosos períodos de rehabilitación, volvió a frecuentar a sus amigos, ya fuertemente vinculados al ambiente político e intelectual. En una de esas reuniones conoció al dirigente del Partido Comunista Cubano, Antonio Mella y a través de él, a Diego Rivera.

De esta manera, empezó a asistir a las reuniones del Partido Comunista de México en donde ya estaban sus amigos Los Cachuchas. Frida ya había visto anteriormente a Diego Rivera, cuando este estaba haciendo un mural en el Anfiteatro Simón Bolívar de la escuela preparatoria donde ella estudió. Luego se encontró con él en algunas veladas, pero sin hablarse. Un día, se decidió visitarlo, mientras este pintaba unos murales en la Secretaría de Educación Pública. Su intención era mostrarle sus propios trabajos. Diego quedó impresionado con sus cuadros y la animó a seguir pintando. A partir de ese momento se hicieron amigos y esa amistad concluyó con un matrimonio que se efectuó en 1929, diez años después, en 1939, se divorciaron y en 1940 se volvieron casar, tal y como ya lo he mencionado. Diego Rivera fue el mayor admirador de la pintura de Frida Kahlo y el que más amó su obra.

Vivieron varios años en Estados Unidos y en ese entonces Frida tuvo un aborto. Con su situación física, ya era un milagro concebir. Pintó un cuadro que tituló *Aborto en Detroit*. Es una imagen desgarradora, hay pena, hay dolor, pero también rebeldía. Sobre la obra de su esposa, Rivera llegó a decir "Frida empezó a trabajar en una serie de obras maestras sin precedentes en la historia del arte, pintura que exaltaba la cualidad femenina de la verdad, la realidad, la crueldad y la pena. Nunca antes una mujer había puesto semejante atormentada poesía sobre la tela como Frida".

La obra de Kahlo alcanzó reconocimiento internacional después de su muerte, principalmente en los finales de los ochenta y principio de los noventa. En sus más de 150 obras, se destaca su voluntad de sobrevivir, de levantarse sobre tantas desgracias como el accidente del tranvía, la poliomielitis que le dejó secuelas y la gangrena que le trajo como consecuencia una pierna amputada. No obstante, esa pasión por el arte popular mexicano le daba color y calor a su vida y a su obra.

En 1939 expuso en Francia invitada por André Breton quien intentó convencerla de que sus cuadros eran surrealistas. Ante esto, ella declaró: "Creían que yo era surrealista, pero no lo era. Nunca pinté mis sueños. Pinté mi propia realidad".

Uno de sus cuadros, titulado *Autorretrato*, se encuentra en el Centro Pompidou y otro, *El Marco*, fue adquirido por el Museo del Louvre. Frida consideraba que su obra no merecía gran importancia de interés general. Por ello, algunas de sus exposiciones las realizó en forma privada. Sin embargo, muchos intelectuales y pintores de la época la admiraban, como es el caso de Pablo Picasso, André Breton, Marcel Duchamp y otros.

En el año 1953, se organizó en la Galería de Arte Contemporáneo de México una exposición individual con sus obras. Frida se encontraba ya muy enferma. Los médicos le prohibieron asistir, pero ella se apareció a la inauguración en una ambulancia y acostada sobre una cama clínica, la cual fue puesta en el centro de la galería y ella cantó, contó chistes y brindó. La exposición fue todo un éxito. Ese mismo año, producto de la amputación de su pierna, sufrió una gran depresión e intentó suicidarse.

El 2 de julio de 1954, como lo mencioné anteriormente, apareció Frida Kahlo junto a Diego Rivera en la manifestación de protesta contra la invasión a Guatemala, organizada y preparada por los Estados Unidos, en contra del presidente Jacobo Arbenz quien fue depuesto el día 27 de junio. Se movilizó en una silla de ruedas. Su protesta se hizo presente, su espíritu de lucha y de justicia fue inherente a ella hasta el final. A los pocos días, el 13 de julio, murió.

Fue velada en el Palacio de Bellas Artes. El pueblo acudió masivamente a su despedida. Las autoridades del Palacio, autorizaron el velatorio en esta sede con ciertas condiciones: no consignas políticas, no estandartes con menciones partidistas, solo la bandera mexicana sobre el ataúd. La caravana siguió su ruta y al llegar a la sede, estando el cofre mortuorio en el centro del salón, un grupo de camaradas desplegó la bandera del partido comunista, la extendió sobre la urna y entonó la Internacional Socialista. Así fue el adiós para Frida Kahlo a sus 47 años.

Su último cuadro lo denominó *La Patilla* y escribió sobre él: "Viva la vida".

En su diario escribió sus palabras finales: "Espero alegre la salida y espero no volver jamás". Sus restos reposan en la Casa Azul de Coyoacán, hoy Museo Frida Kahlo, México.

Amor y muerte *al pie del patíbulo*

A finales del mes de julio se recibió en México una comunicación de la Federación Mundial de la Juventud Democrática. En ella se convocó a una reunión a efectuarse en China en el mes de agosto. Para dicha reunión se invitaron a representantes de las organizaciones juveniles de cada país. El evento tenía como objetivo compartir experiencias, vivencias, proyectos, dificultades y éxitos de cada comunidad regional. Dos delegados fuimos los escogidos para representar a Venezuela en esta asamblea: Manuel Caballero, quien estudiaba en París y yo.

Cuando me participaron esta decisión, pensé:

—"¿Qué hago? ¿Les digo a mis padres? Imposible porque eso sería informarle a la policía política de mi país. No deberían saberlo".

Mi consciencia me acusaba:

—"¿Entonces no voy?" —Me pregunté yo.

Pero todos los amigos, compañeros y camaradas me decían:

—"Esa responsabilidad no se le da a cualquiera. No la pierdas".

Para mí, China estaba muy lejana en el tiempo y en el espacio. Cuando tomé la decisión de aceptar, otro problema se me presentó: no tenía dinero. Todos estábamos "limpios". No nos habían llegado las mesadas de Venezuela. La situación cambió porque a Jesús Sanoja, que estudiaba periodismo en México, le llegó dinero. Me prestó cuarenta dólares. En la actualidad, después de sesenta y seis años, no recuerdo habérselos pagado... Luego, al preguntar por la ruta que deberíamos tomar para llegar al destino, me respondieron: Canadá, Países Bajos, Checoslovaquia, Unión Soviética, Mongolia y, finalmente, China.

Llegó el día de la partida. El avión salía a media noche. Jesús Sanoja me acompañó al aeropuerto. Cumplí con todos los trámites de salida. Con papeles en mano dispuesta a despedirme de Jesús y a entrar a la sala de embarque, vi que este saludó con cierta efusión a un joven que se había colocado a nuestro lado. Me lo presentó diciéndome que se trataba del secretario general de la Juventud Comunista de Colombia y ¡oh, alegría! llevaba la misma ruta mía.

Iniciamos el viaje, rumbo a mi primera escala, Canadá. En extensión geográfica es uno de los países más grande del mundo. Estabilizamos el vuelo y, estando más tranquila, logré dormir por un rato. Pasado el tiempo, nos alertó la tripulación que dentro de algunos minutos volaríamos sobre las Cataratas del Niágara. Divisamos un hermoso espectáculo. Era blancura de lluvia que se alzaba como haciendo un esfuerzo para alcanzar las nubes. Fue un momento de alegre contemplación ver las famosas Cataratas del Niágara.

Al poco rato, aterrizamos en Montreal. Tiempo suficiente para estirar las piernas, comprar chucherías, dejar pasajeros y embarcar a otros. Yo siempre alerta a mi compañero colombiano. Regresamos al avión rumbo a los Países Bajos, a su capital, Ámsterdam. Fuimos dejando atrás nuestra América. Pasamos la noche volando sobre el Océano Atlántico. Ya de día, entramos en el Mar del Norte y pronto empezamos a ver las costas de Holanda.

Era un paisaje impresionante. Restos de objetos a la deriva flotaban, penachos de árboles que sobresalían de las aguas parecían pedazos de una isla flotante. La información sobre el fenómeno era que el mar, hace más de un año, exactamente el 31 de enero de 1953, había penetrado al continente buscando sus antiguos predios; las costas de Holanda sufren de un mal: una significativa parte de su territorio se encuentra bajo el nivel del mar.

Se han buscado soluciones, se han construidos diques, pero estos últimos fueron incapaces de contener el avance de la marea y, menos aún, la severa tormenta de esa fatídica fecha. Grandes porciones de tierra, tanto islas costeras como del continente, fueron completamente inundadas. Murieron miles de personas, así como incalculables pérdidas de ganado vacuno, caballar, porcino y bovino. Más de 200 mil hectáreas quedaron bajo el agua y, por tanto, inutilizadas. La magnitud del evento natural fue tal, que más de un año después nosotros logramos divisar los cuantiosos escombros a la deriva. Todavía en Holanda, se conmemora el 1ro de febrero como una fecha triste. Con esa sensación un poco amarga tocamos tierra.

A la salida del aeropuerto nos esperaba un representante de la Federación de la Juventud quien nos entregó, tanto al colombiano como a mí, pasajes para Praga. Una intensa lluvia caía sobre Ámsterdam, pensé que el vuelo se retrasaría, pero no. Salió a la hora señalada.

Llegada a Praga y saludos fraternos de bienvenida con flores y pioneros. Nos alojamos en un hotel en el centro de la ciudad. El recorrido nos permitió ver un panorama de la capital: torres y edificios monumentales, calles angostas y retorcidas, hermosos puentes sobre el río Moldava. Uno de esos puentes lo atravesamos para llegar a nuestro alojamiento. Comimos en el hotel, descansamos y luego realizamos una visita nocturna por la ciudad.

El guía que nos recogió bien entrada la tarde, nos presentó a otros jóvenes recién llegados que llevaban caminos diferentes al nuestro. Entre ellos recuerdo a un joven colombiano, a un chileno que dijo que representaba a la juventud socialcristiana de su país, a un argentino socialdemócrata y a un aborigen peruano de la juventud comunista. Todos juntos abordamos un tranvía para iniciar nuestro recorrido. Era un atardecer brumoso, ambiente húmedo, faroles alumbrando con su triste luz mortecina y el Moldava recorriendo una oscura garganta entre hermosos palacios. El río divide la ciudad por la mitad. Hicimos una parada en la Plaza de la Ciudad Vieja. Es hermosa, rodeada de edificios y una amplia terraza. Allí nos detuvimos a tomar una de las cervezas más famosas del mundo. Es la bebida checa por excelencia. Después de ese memorable rato de esparcimiento, regresamos al hotel.

Al día siguiente visitamos lugares históricos. Volvimos a la misma plaza, esta vez por la parte cercana al Puente de Carlos que es una de las obras arquitectónicas más importantes, custodiadas por magníficas estatuas. Ocho puentes como vértebras cruzan el río. Visitamos el Aula Magna de la Universidad. Es la más antigua de la Europa Central y del Este. Por sus techos y columnas aún se vislumbra el paso de los siglos.

Por la tarde, fuimos a un campo de concentración. Sitios de tortura y de exterminio que existieron durante la ocupación de la Alemania nazi. Ocupación que duró desde el año de 1939 hasta 1945, fecha en que fue liberada y así terminó la terrible noche del fascismo. Visitamos la cárcel de la Gestapo en Pankrác. Esta tiene, y si aún existe, una especial relevancia para todos los hombres de buena voluntad en el sentido de no olvidar jamás lo ahí ocurrido. Allí fueron torturados y asesinados miles de hombres y mujeres entre ellos un periodista y escritor checo que nació en Praga y fue ultimado por los nazis el 8 de octubre de 1943 en Berlín. Su nombre: Julius Fučík.

Fučík fue capturado por la Gestapo en la primavera de 1942 y recluido en Pankrác donde redactó su *Reportaje al pie del patíbulo*. Este testimonio literario es conocido gracias a un guardia de la resistencia checa infiltrado en la prisión. Este último le aportaba con regularidad papel y lápiz y así fue sacando clandestinamente las notas de la cárcel. Después de la derrota de la Alemania hitleriana, en mayo de 1945, su esposa, Gusta Fučíková, sobreviviente de otro campo de concentración, ya liberada se dio a la búsqueda de las huellas de su marido. Así se enteró de su ejecución en Berlín y supo también que Julius Fučík escribió algo mientras duró su cautiverio. Buscó afanosamente al guardián que le había proporcionado los medios para realizar su obra y pudo lograr su cometido. Las notas estaban depositadas en diferentes manos por cuestiones de seguridad. Después de la ardua labor de recopilación, Fučík reunió las hojas numeradas y las publicó en su volumen *Reportaje al pie del patíbulo*. Es su última obra traducida a casi todos los idiomas.

Apenas once años habían pasado desde que en el seno de la prisión los terribles hechos habían sucedido, cuando visité con el grupo de representantes de la Federación Mundial de la Juventud el museo de la ignominia y del terror. Era el mes de julio de 1954. Recorrimos sus instalaciones, eran los mismos muros, las mismas rejas, el mismo color y los mismos patéticos instrumentos de tortura. Los largos pasillos nos miraban y las mismas celdas cubrían tanto martirio donde el dolor y la vida se hermanaban para poder resistir.

Visitamos la celda de Julius Fučík. Tenía el número 267. Allí redactó parte de su reportaje triste, apasionado y trágico. Es lo que esas páginas cuentan. Días y noches de torturas no fueron capaces para doblegar al héroe que murió sin delatar a sus compañeros de combate. Es vida lo que transita en ese reportaje, a pesar de que caminaba hacia la muerte. Es amor a la patria y a su esposa a la que dedica las más hermosas páginas con sueños aún de un futuro compartido. Todos en silencio conmovidos observábamos aquel recinto. El sol entraba a través de la ventana abierta. Un gran retrato de Fučík colgaba de una pared y al pie del mismo, un fragmento de su testamento: "*He vivido para la alegría y por la alegría muero. Que la tristeza jamás vaya unida a mi nombre*".

Regresamos al hotel con el recuerdo del héroe rondando nuestras mentes.

Por la noche, visitamos a un gran parque. Muchos árboles con sus penachos agitados luchando contra el viento. Nutridas luces y jóvenes que cantaban y bailaban. Varios grupos musicales entonaban variadas melodías, montadas en tarimas y con parlantes que animaban el ambiente. Cuando cesaba la música, cornetas colocadas por los árboles transmitían música suave con ritmos de varios países. De pronto, me quedé inmóvil: estaba oyendo una pieza instrumental que en mi lejano país y en mi infancia oí muchas veces en una victrola RCA que tenía mi padre en una finca ubicada entre montañas. No recordaba su nombre, pero conocía muy bien su melodía. Quedé triste e impresionada de tan lejanos recuerdos.

Al día siguiente seguimos hacia Moscú por vía férrea. Fue interesante atravesar las llanuras de Ucrania cubiertas de trigo, espigas doradas movidas por el viento. Parecía un mar de oro bajo el cielo azul. Nos detuvimos por varias horas en Kiev y recorrimos el centro de la ciudad. En una plaza había un pequeño mercado donde estaban expuestas variedades de frutas, hortalizas y artículos de artesanía. Creo que era una feria campesina. Mucho colorido, mucho movimiento y alegría. Fuimos a comer y seguimos viaje en el siguiente tren.

Este trecho para llegar a Moscú fue más abrumador. Innumerables paradas, familias con sus niños pequeños y llenos de comida. Soldados que en cada estación entraban en tropel y salían otros. En ese trecho observamos puentes destruidos, edificaciones en ruinas que se acumulaban como producto de la guerra que tan cruelmente asonó a Ucrania. Nos refugiamos en el compartimiento y así pasamos la noche.

A la llegada a Moscú, en la estación del tren nos esperaban con flores y grupos de niños pioneros agitando banderitas rojas. Luego nos llevaron al Hotel Nacional, situado a pocos metros de la Plaza Roja. Es un hotel construido a principios del siglo XX y mantenía la misma arquitectura. Al entrar a mi habitación y abrir la ventana mi asombro y emoción fue grande, pues desde allí podía ver las torres del Kremlin y sus hermosos muros de ladrillos rojos, la imponente Catedral de San Basilio, con sus hermosas cúpulas de variados colores. El intérprete que me asignaron interrumpió mi contemplación para decir que la cena estaba servida. Comimos suculentos platos, para mi gusto, muy condimentados y postres con exquisitos helados. Nos dieron tiempo para descansar, ya que al día siguiente teníamos planes.

En la mañana, después del desayuno, recorrimos la Plaza Roja. Caminar, transitar, poner los pies sobre los cimientos de esa plaza es sentirse uno pequeño porque todo es tan grande, las avenidas amplísimas, los monumentos levantando sus hermosas cúpulas que metidas entre sol y nubes parecían que descendían del cielo. A nuestro lado, el río Moscova deslizándose impasible luciendo sus escamas de luz. El Kremlin es el gran símbolo de Moscú y, además, su corazón. Es difícil describirlo: es majestuoso y sobrio, con grandes palacios e históricas catedrales. Ello es una clara representación llevada a lo sublime del poder político y el poder religioso.

También visitamos el Mausoleo de Lenin. La fila para entrar era larga. La guardia de honor que vigilaba la entrada nos dejó pasar como privilegio a las personas que viajábamos con el tiempo contado. Había un silencio solemne y un caminar pausado en el desfile de personas que rodeaban y giraban hasta el gran cofre de cristal donde yace el cuerpo del gran líder de la revolución soviética. Luchó siempre por la clase obrera para hacer de ella el eje y el motor de la sociedad. Su participación de lucha junto con la clase obrera rusa lo llevó, a un confinamiento por tres años, a Siberia. Luego tuvo que partir al exilio a Ginebra y Múnich donde fundó un diario llamado *La Chispa* desde donde difundía sus ideas revolucionarias. En 1917, regresó a la patria y se convirtió en jefe del nuevo gobierno soviético. Carlos Marx, Federico Engels y él fueron los grandes ideólogos de la revolución soviética. Al morir fue sembrado en ese mausoleo como recuerdo a su vida, a su lucha y a su obra. Allí concurren diariamente centenares de visitantes de todas partes del mundo para rendir tributo a su memoria.

Regresamos al hotel. Por la noche me sentí indispuesta con un malestar estomacal y decidí, con todo el pesar del mundo, quedarme en cama. El intérprete llamado Nicolás, insistió reiteradamente llevarme al médico, pero me resistí. El cambio de la alimentación hizo protestar a mi estómago. Al quedarme sola en la habitación decidí contemplar desde mi ventana a la gran ciudad. Frente a mí, la plaza de la luz y de la historia. Más allá, observaba la ciudad de Moscú con más sombras que luces luchando en sus tejados. Después, cuando recorrí sus parques y sus calles me di cuenta de una de las razones por la cual tantas sombras la abrazaban: la ausencia de avisos comerciales luminosos en los portales y en los muros de los edificios.

Al día siguiente amanecí mejor y pude incorporarme al programa. Por la mañana, visita a la Universidad Lamonosov, situada sobre una colina. Impresiona el gigantesco edificio. Ascensores con diferentes velocidades tomamos para poder recorrerla. Elegimos el más veloz para ascender. En segundos estábamos en unos de los pisos más altos. Sentí vértigo. En Venezuela no estábamos acostumbrados al uso frecuente de ascensores, mucho menos a esa velocidad. El panorama que se divisaba desde lo alto era impresionante. La ciudad de Moscú en todo su esplendor. Con el Kremlin en primer plano y al otro lado, el río. Sobre un verde césped y frondosos árboles se levantan majestuosas y severas las torres de las iglesias con sus penachos dorados y resplandecientes bajo los rayos del sol y la Plaza Roja que es el corazón palpitante de Moscú. Largas colas que avanzaban hacia el mausoleo de Lenin se observaban desde las alturas.

Hicimos un recorrido al interior de la universidad acompañados por una pareja representante de las autoridades académicas. Visitamos salones de clases, salas de conciertos, un teatro monumental, dormitorios para los estudiantes residentes, hermosos jardines, campos deportivos y parques rodeando el *campus*. Abandonamos el monumental recinto universitario donde miles de estudiantes convergían y estudiaban.

Por la noche fuimos a un hermoso parque lleno de pinos y abedules, con grupos musicales, cantos y bailes tradicionales que alegraban a los jóvenes que se desplazaban por los jardines. Pasado un tiempo de departir y conversar con jóvenes visitantes de diferentes nacionalidades, oímos de pronto un coro de voces viriles que se acercaban. Era un batallón de soldados que marchando atravesaron el parque, entonaban himnos fuertes y gallardos acompañados del paso sincronizado, del roce de las botas y de su percutido sobre el cemento. Varias etapas recorrieron el coro. Primero lejos, apenas audible, luego más cerca hasta tenerlo a nuestra vista y disfrutar de la sonoridad y de la fuerza de sus voces. Después verlo alejarse cantando y perderse en el confín del parque. Fue un bonito momento que pasado los años aún lo recuerdo con nitidez.

Visita al Teatro Bolshoi. Es uno de los grandes teatros de ópera y ballet del mundo. Por él han pasado todos los afamados artistas. Tiene más de dos siglos de existencia acumulando éxitos. En la noche inolvidable que fuimos al Bolshoi, representaban la ópera *Carmen*, con música G. Bizet. Si no me equivoco, el elenco fue protagonizado por Vera Borisenko, como Carmen y Georgy Nelepp, como Don José, bajo la batuta de Vasily Nebolsin. El espectáculo fue maravilloso, la voz de la intérprete y la de los demás actores, los coros, los trajes de toreros, las mujeres vestidas de andaluzas, el ambiente, todo encajaba en el montaje. Era España y su Andalucía en las tablas. En los intermedios, algunas personas al saber mi procedencia, se me acercaron para preguntarme si era verdad que los toreros se vestían así, si las mujeres llevaban esos trajes, en fin, miles detalles querían conocer. Había curiosidad por la autenticidad de las costumbres y las manifestaciones artísticas ibéricas. Ver la ópera *Carmen*, con sus coros, sus voces, con pasajes tan expresivos que uno quisiera sumergirse en el torbellino del ambiente lo invita a uno a convertirse en voz, en música y lo adentra al armonioso conjunto de la obra.

Terminada la función estábamos invitados a comer en un café cercano al teatro. El lugar escogido era amplio, un poco bullicioso, movimiento de camareros, música en vivo, un pianista, un violinista y un acordeonista. Se acercaban a cada mesa a tocar lánguidas melodías de la madre Rusia. Allí tomamos vino, comimos caviar, pescados ahumados y otras variedades de la cocina local. El intérprete que nos acompañaba, brindó con nosotros y nos deseó un feliz viaje, ya que al día siguiente continuaba hacia la República Popular China.

A la mañana siguiente teníamos programado salir para el aeropuerto, pero antes visitamos brevemente el Metro de Moscú. Este medio de transporte está considerado como un palacio subterráneo. Cada estación es un pequeño museo, decorada con mármoles, mosaicos, esculturas, artísticas claraboyas que en algunos andenes del metro dejan pasar la luz del día. Luego de admirar el museo rodante, regresamos al hotel. Dispuse de un tiempo para despedirme desde mi habitación del inolvidable panorama: el Kremlin y la Catedral de San Basilio conocida como la Flor de Piedra de la Plaza Roja. La leyenda dice que el Zar Iván, El Terrible, ordenó arrancar los ojos de los arquitectos que la diseñaron para que nunca construyeran una figura con tanta belleza.

Adiós dije y cerré la ventana.

Partida al aeropuerto de Moscú, destino Pekín, hoy Beijing. Despedida, flores y embarque. Un avión con motores de hélice nos esperaba. Primera parada: Irkutsk, una de las ciudades más pobladas de Siberia. Llegamos de madrugada. Bajas temperaturas. Alojamiento en un hotel cercano. La comida servida estaba constituida por caviar, pan, salmón y una sopa caliente al final. Luego a dormir unas pocas horas. Desayunamos y salimos a mirar los alrededores. Imperaban el frío y la desolación. Luego abordamos el avión cuya próxima etapa era Ulán Bator, capital de Mongolia. El vuelo fue interesante porque volamos a baja altura. Pudimos contemplar las infinitas y fabulosas tierras siberianas. Pero, solo un pedacito de esa inmensidad, porque la superficie total sobrepasa los diez millones de kilómetros cuadrados y su población, apenas de unos treinta millones de personas.

Siberia no es una llanura, como en mis años infantiles me la imaginaba. Creía que era una inmensa planicie sin relieve, pero tiene montañas tan altas como cualquiera de los altos picos de nuestros Andes venezolanos. El macizo Altái posee elevaciones superiores a los cuatro mil metros. Existen extensas cadenas montañosas, grandes y largos ríos, como el Obi y el Lena que vierten sus aguas en el océano Ártico. Hay partes de su territorio dentro del Círculo Polar Ártico. En estas zonas, Siberia alcanza la severidad más alta en climatología. Allí se han registrado temperaturas inferiores los 60 grados bajo cero. No obstante, la mayor parte de Siberia le corresponde a la taiga que son zonas de inmensos bosques de abedules y coníferos. En algunas franjas abundan osos, linces, zorros y armiños que son muy apreciados en el comercio de las pieles. Los primeros datos que se conocen sobre la existencia del *Homo sapiens* en Siberia, son de hace más de 45.000 años.

Es una de las zonas más ricas en recursos mineros de todo el mundo. Posee yacimientos de petróleo y oro, plata, platino, cobre, amianto, grafito, radio, osmio y otros. Su riqueza forestal es enorme. Su zona más importante es el fabuloso lago Baikal, es el más profundo del mundo y se halla cerca de la histórica ciudad de Irkutsk, centro vital de toda la región.

Abordamos el avión rumbo a Mongolia. Volamos sobre el mencionado lago. Una vista espectacular con sus azules de diversas tonalidades. Las costas que lo bordean con verdes, amarillos, cremas, malvas, es un mapa alucinante de diversos colores. ¿Qué encierra ese lago? Tiene 23 millones de años de existencia, sus aguas son transparentes a 40 metros de profundidad, en su vientre se producen fenómenos volcánicos. La variedad de especies de animales que pululan en sus aguas frías y dulces son muy variadas: focas, peces, esponjas y otros. Ya, tras nosotros, va quedando la imagen fabulosa del lago Baikal y la historia de sus flores que se abren esplendorosas aún en el más crudo invierno. Nadie sabe por qué.

Rumbo al sur endereza sus alas nuestro avión. Destino próximo Mongolia, a su capital Ulán Bator, la ciudad sagrada de los lamas, de la ruta del té. Llegamos por la noche y al amanecer, después de desayunar, observamos que la gastronomía es bastante precaria. La comida consistió fundamentalmente en una especie de requesón llamado *airag*, que consiste en leche de yegua fermentada y que tiene, según se me explicó, un alto contenido energético. Varios son los productos derivados de esa leche.

Dimos un paseo por los alrededores del hotel. Vimos tierras desérticas, caravanas de bestias y de hombres atravesando la estepa solitaria. A lo lejos, cadenas de montañas y el desierto de Gobi que lo contemplaríamos a plenitud desde el avión en la ruta hacia Pekín. En Mongolia se produjo la primera revolución asiática, en 1921, influenciada por la soviética. La población para entonces no pasaba de 600 mil habitantes y el territorio era de un 1.563.000 km^2. De este número de habitantes 100 mil eran lamas tibetanos, aliados de la jerarquía feudal y dueños de la rica cabaña nacional. La cabaña era la reunión de ovejas, cabras y camellos agrupados como empresas de gran importancia económica. Era y es la principal riqueza del país. Abolido el lamaísmo como poder económico y político, se instaló la República Popular de Mongolia de acuerdo con la constitución de 1924. Esto contribuyó al desarrollo del pueblo que estaba sumido en la pobreza, en el retraso, en el analfabetismo con un futuro trágico: el de extinguirse.

Actualmente existe un alto nivel cultural y sanitario. Se destaca la participación de la mujer en la vida pública, más elevada que en algunos países occidentales. El desarrollo industrial ha sido propicio para sacar provecho a las riquezas minerales, energéticas y agrarias. Encerrada está Mongolia entre China y Rusia. Esta situación geográfica dio origen a un importante acontecimiento que sería determinante en la historia de China. En los siglos XIII y XIV cuando la Europa medieval y cristiana inició su expansión hacia oriente se percataron del poder político y económico que poseían los lamas tibetanos.

Los europeos trataron de lograr acuerdos con los mongoles para enfrentar estos poderes establecidos. En este proceso, los emisarios occidentales se encontraron con China: su dimensión, sus riquezas y su excepcional cultura. Una sociedad que conocía el papel, la pólvora, la brújula y la imprenta. Estos descubrimientos desataron la avaricia entre los europeos y empezaron así los saqueos, las invasiones y las guerras sobre el inmenso continente chino.

Dejamos a Ulán Bator con sus 300 años de aislamiento y vigilada perennemente por el desierto de Gobi y por las altas montañas que la rodean. Mongolia fue la cuna de las temibles hordas nómadas contra las que levantó China la Gran Muralla. Desde el avión, la visión lejana y melancólica de las caravanas, rosarios caminantes de hombres y de bestias en su ruta por los caminos de siempre.

Zhou Enlai y el Premio Nobel

En los primeros días del mes de agosto llegué a Pekín. En el aeropuerto fuimos recibidos por representantes chinos de la Juventud Comunista y los niños pioneros portadores de flores, luciendo los pañuelitos rojos en sus cuellos. Luego de los saludos de bienvenida, enfilamos hacia la ciudad. Avanzamos hacia el centro y vislumbramos sus rectas y largas avenidas, sus casas chatas pintadas con deslumbrantes rojos y verdes con cornisas asomándose sobre sus techos adornadas con llamativos dragones inmóviles observantes de las silenciosas calles del día de la llegada. Percibimos pocos vehículos automotores, muchas bicicletas y numerosas carretillas de una o dos ruedas arrastradas por hombres que fungían de motor. Al observar todo esto, me di cuenta de que había llegado a otro mundo sorprendentemente diferente. Era como haberme quedado dormida y despertar en otra dimensión. Era otro mundo y yo estaba llegando a él.

El hotel destinado para el alojamiento no era muy grande. Era de construcción reciente. Todavía olía a pintura fresca y estaba situado muy cerca de la plaza Tiananmén. Esta última es inmensa, símbolo reciente de la nación. Se nos dijo que en ella se celebran y se recuerdan, con grandes concentraciones, los momentos más importantes de la revolución.

A la hora de las comidas nos reuníamos en el gran salón-comedor. Nos saludábamos, nos conocíamos. Éramos jóvenes de todas partes de América que visitaban por primera vez China. También había visitantes de otras latitudes. Por Venezuela solamente me encontraba yo. Sabía que venía otro compatriota a quien esperaba de un momento a otro. Cuando finalmente llegó, me llevé una grata sorpresa: el otro representante de mi país era Manuel Caballero, paisano y compañero de lucha desde el Liceo Lisandro Alvarado, de Barquisimeto. Estaba residenciado en París. Era otro "invitado" a abandonar a Venezuela como tantos otros. Me contó que el itinerario que tuvo que realizar para llegar a China fue de París a Moscú y desde allí a Pekín, pero por tren, el Transiberiano. Dicho viaje duró más de una semana. Al llegar también se sorprendió de verme y comentó que él quería llegar primero, ya que, de esta manera, él sería el primer venezolano en pisar tierra china después de la revolución. Gran desilusión, porque yo había llegado antes.

Fueron arribando otras delegaciones. Brasil la más numerosa con seis representantes. La de Chile la integraba un socialcristiano que alegaba que Andrés Bello era de su país. Yo alegaba que el autor de la *Silva a la agricultura de la zona tórrida* era venezolano, que se estableció en Chile y que allí murió. La delegación cubana estaba compuesta por Leonel Soto y Jorge Valdez, ambos también residenciados en París. De Canadá llegó una joven alegre que cantaba preciosas canciones en nuestras reuniones. De Colombia, un delegado, secretario general de la Juventud Comunista de su país, el cual viajó a mí lado desde México.

A los castellanohablantes nos asignaron un intérprete llamado Liú, al cual llamábamos camarada Liú. Era un joven sencillo y nervioso, pues estaba debutando como intérprete. Nos contó que desde hacía poco más de un año estudiaba el idioma. Nos pidió que le ayudáramos a seguir aprendiendo. Un gran compañero y excelente profesional. Lo recuerdo con mucho afecto. Aún me sonrío cuando evoco una de sus confusiones. Él nos oía decir con frecuencia, por ejemplo: "Nos encontramos a las cuatro y pico en la recepción". De tanto oírnos esa expresión, él me decía con su acento característico: "Camarada María, esté lista, pasó por usted a las tres y pico en punto". Fue nuestro intérprete en los meses que duró la visita a la hoy superpotencia República Popular China. Los años anteriores fueron para este gigantesco país etapas para sembrar, fecundar, desarrollar y nacer hasta llegar a su horizonte actual.

Nos encontrábamos frente al país más extenso del mundo después de Rusia y Canadá. Se trata de una de las civilizaciones más antiguas de la historia. Suele situarse su nacimiento en la Dinastía Xia, aproximadamente dos mil años antes de nuestra era. Tratar de penetrar en la historia de China, analizarla cronológicamente, es como buscar el principio de la eternidad. La paciencia infinita y su gran sabiduría fueron construyendo su recorrido.

El ejemplo más revelador lo representa la Muralla China. Años antes de su construcción, ya se había establecido como rigurosa prioridad los estudios de arquitectura y albañilería en todos los niveles. Ello se iniciaba con los niños en los jardines de sus escuelas, quienes dirigidos por sus maestros levantaban pequeñas murallas con barro, guijarros y piedras. Luego los maestros las destruían borrando totalmente la frágil obra infantil para volverla a levantar y volverla a destruir. Así se educaron a seiscientas doce generaciones con paciencia, sabiduría y constancia. El objetivo de esa construcción fue defenderse de los nómadas del norte. Estos, con sus hordas, la destruyeron varias veces y por lo tanto hubo de reconstruir en innumerables ocasiones. He ahí la paciencia y la constancia personificada en un pueblo.

Junto a ese pueblo estábamos para celebrar la victoria al fin alcanzada de su revolución. Frente a nosotros, la gigantesca plaza Tiananmén , reconcebida y reconstruida por el proceso político de 1949. Salimos a recorrerla y así iniciamos los pasos hacia el conocimiento de la gran ciudad. En días normales la cubre una inmensa soledad, pero en los festivos se reúnen cientos de miles de personas, como cuando Mao proclamó el establecimiento de la República Popular China, el primero de octubre de 1949. Dentro de la plaza hay una gigantesca tribuna donde las autoridades presiden los grandes acontecimientos. Al fondo está la entrada a la Ciudad Prohibida y un enorme retrato de Mao la preside. A través de la plaza se penetra a este complejo palaciego. Durante cinco siglos solo los emperadores y sus cortesanos, sacerdotes, eunucos y concubinas tuvieron el privilegio de vivir en ese inmenso y bellísimo conglomerado. Es un conjunto de palacios, monumentos, patios, jardines que muestran el esplendor y el aislamiento en que vivieron los emperadores. En varias etapas tuvimos que recorrerla. Maravillados ante tan hermosos monumentos y espacios de peculiares estilos, la Ciudad Prohibida alberga los fastuosos edificios del Palacio Imperial. Allí se expone el esplendor cortesano de las más poderosas dinastías. Cuatro puntos cardinales permiten la entrada al palacio, aislado mediante una muralla y un foso de agua. El palacio deslumbra con sus hermosas salas: muebles y adornos de toda clase, objetos artísticos asombran por su belleza, exposición fascinante de arte oriental. Toda la Ciudad Prohibida es un museo con sus magníficas colecciones de bronce, pinturas, jade y otros tesoros.

La Puerta del Medio Día es la construcción más grande de la Ciudad Prohibida. Desde allí el emperador presidía los desfiles y ceremonias. El Arroyo del Agua Dorada está al comienzo de un enorme patio. Este se cruza con cinco puentes de mármol que significan las cinco virtudes. Más adelante, la Puerta de la Suprema Armonía que es la antesala al corazón de la Ciudad Prohibida. A la entrada, unos leones de bronce con sus llamativas decoraciones e incensarios de gran belleza. Hay cuatro palacios más y al final del recorrido, el Jardín Imperial, grandísimo, hermoso, con numerosos viejos árboles y áreas extensas de plantas que mostraban el intenso colorido de sus brotes. Salimos de la Ciudad Prohibida y seguimos con el programa.

Las semanas que siguieron fueron de intensa actividad. Visitas a fábricas, entrevistas con organizaciones juveniles, compartiendo experiencias, errores, aciertos, triunfos. Siempre con el optimismo y la alegría de nuestros años juveniles. China celebrando el triunfo de su revolución socialista. Ello representó el hecho más importante después de la Revolución Rusa de octubre para el siglo XX. Y nosotros pensando en nuestra América, transitando caminos sombríos de dictaduras. En Cuba, Fulgencio Batista; en República Dominicana, los hermanos Trujillo; en Nicaragua la familia Somoza, en Guatemala, Carlos Alberto Castillo Armas y en Venezuela, Marcos Pérez Jiménez.

Estábamos en el mes de agosto, pleno verano en Pekín. El calor sofocante y la sed acuciante, pero en todos los sitios donde llegábamos nos servían té o agua caliente. Consideraban que así se amortiguaba el calor. Al principio fue duro, pero la costumbre domó el ansia de agua fría.

La hora de la cena era el punto de encuentro más alegre del día. Compañeros de todo el continente americano compartiendo la amistad y las delicias de la comida china. Las mesas adornadas con pequeños ramilletes de flores de todos los colores. Todo sobre la mesa era un conjunto de armonía, belleza y sencillez. La imaginación y el arte también estaban en la cocina. Al sentarnos, empezaba el desfile de platos nunca menos de ocho. Todos, igual de deliciosos y las ensaladas eran flores en la mesa de zanahorias, rábanos, remolachas, lechugas convertidas en adornos comestibles. Era un derroche de fantasía e imaginación. El plato final era la sopa.

En una de esas cenas fue mi primer encuentro con Manuel Caballero. Ambos representábamos a Venezuela en ese encuentro de la Federación Mundial de la Juventud. Fue para Manuel un largo viaje por tierra desde Moscú. Estaba agotado y sorprendido por nuestro encuentro. Conversamos mucho y anudamos el tiempo transcurrido entre su tiempo y el mío. Él perseguido, preso y expulsado del país, residenciado en París, hacía más de un año y yo, en México, casi por las mismas circunstancias. Me comunicó que no estaría sino por pocos días en Pekín por estar citado para una reunión del Consejo Directivo de la Unión Internacional de Estudiantes (UIE) a celebrarse en Moscú. Asistimos a varios encuentros con asociaciones de jóvenes chinos, estudiantes obreros, intelectuales. Escuchamos sus experiencias y anécdotas y sus planes para el futuro.

A mediados del mes de agosto se efectuó la reunión plenaria de la Federación Mundial de la Juventud Democrática. En ella, cada delegación expuso sus vivencias, sus experiencias y sus mensajes. Por Venezuela, me tocó entregar el mensaje rebelde y revolucionario de la juventud combatiente de mi país. Planteé la situación que el pueblo venezolano estaba librando frente a una dictadura militar personificada por Pérez Jiménez, quien asumió el poder en el año de 1952, después de un escandaloso fraude electoral. A partir de esa fecha, el régimen mostró su verdadero rostro represivo. Abrió su abanico de persecución, de odio, de cárcel, de muerte y de exilio contra toda persona u organización que se le opusiera. Entregó a las compañías de petróleo y del hierro miles de hectáreas de las mejores tierras para su explotación minera a cambio de miles de millones de bolívares que fueron a parar a las manos corruptas de la administración gubernamental.

En el dictador tenían esas empresas el más seguro protector de sus intereses y por serlo, el gobierno norteamericano precedido por Dwight David Eisenhower y su ministro John Foster Dulles, escogieron nuestro territorio para la celebración de la X Conferencia Interamericana, que estaba dirigida a ensamblar los últimos detalles para los planes de intervención en Guatemala y derrocar al gobierno democrático nacionalista del presidente Jacobo Árbenz.

La persecución fue y siguió implacable en Venezuela contra el movimiento popular. No solamente se ensañaron contra los dirigentes políticos, sino contra sus familias, esposos, hijos, hermanos quienes fueron llevados a los calabozos por tiempo indeterminado. Paralelo a esto, los destierros continuaron en una acentuada escala de terror. Contra la masa estudiantil también se desató el huracán violento de la represión. Las universidades cerradas, estudiantes expulsados de sus liceos, perseguidos y encarcelados: cualquier organización a la que se le vislumbrase algún viso político era suficiente para comenzar la presión violenta.

Así sucedió con la Unión de Muchachas Venezolanas (UMV) que sin distingo político o social se dieron a la tarea de organizar y realizar actividades culturales, deportivas y campañas en defensa de los intereses de las mujeres. Esta tarea fue desplegada con el entusiasmo y la alegría propia de la edad. Se logró penetrar en los barrios, caseríos y urbanizaciones. Se organizaron festivales regionales y nacionales que incluían competencias deportivas, danzas regionales, exposiciones de pintura, concursos de poesía y enlazándolo todo, estaban las voces y las canciones surgidas de los jóvenes músicos que se nos acercaban de todos los rincones del país. Pero, el régimen del dictador no estaba dormido: tanto éxito, tanta organización atrajo la atención del aparato represor y de un solo plumazo decretó su ilegalización. Empezó así la persecución contra la dirigencia. El miedo se sembró en las jóvenes y, de esta manera, un proyecto tan hermoso se durmió.

Bajo tales circunstancias, decidimos que no se debía desaprovechar ese vínculo que se había perdido con el mundo legal. Entonces se estableció el siguiente programa: introducir en las grandes empresas, fábricas y sindicatos a nuestros jóvenes a la deriva en su mundo estudiantil, bien por el cierre de universidades o bien por expulsión en los liceos, en un proceso de penetración laboral y así ocupar espacios en estos centros claves de la esfera económica capitalista. Otro suceso que sirvió de aliciente para levantar el ánimo de nuestros combatientes contra la dictadura fue la resonante victoria de la revolución popular china que, con Mao Zedong a la cabeza, Zhou Enlai, Liu Shaoqi, sus obras escritas y sus acciones se convirtieron en ejemplo entre la juventud venezolana. Así mismo, una ola antiimperialista sacudió los cimientos de nuestra juventud: la violenta intervención de los Estados Unidos de Norteamérica en Guatemala, que derrocó a un presidente, Jacobo Árbenz, democrático y nacionalista porque no les convenía a sus intereses. El discurso de clausura estuvo a cargo del representante de la Juventud Comunista de China.

Así terminó el encuentro de los jóvenes del mundo con los triunfantes y victoriosos camaradas chinos. Luego nos reunimos en un gran salón, brindamos, nos despedimos con abrazos y deseos por el éxito en nuestras respectivas futuras actividades revolucionarias. Por los pasillos del congreso le comenté a mi compañero y paisano Manuel Caballero que cuándo iba a pensar, hace unos meses, que iba a pasar mi cumpleaños en la ciudad de Pekín. Caballero me preguntó, cuándo iba a ser eso y le dije que al día siguiente:

—"¡Oh! ¡Felicidades!" —me dijo.

Finalizado el encuentro unos se prepararon para regresar a sus respectivos países, otros a sus exilios. A mí me llegó una invitación del gobierno chino para visitar el país. Por lo tanto, no sabía cuándo regresaría a México. Quedé asombrada de tanto honor y tamaña responsabilidad.

Al día siguiente, me preparaba para el desayuno, cuando llegó el camarada Liú –el intérprete– y me preguntó:

—"Camarada María, ¿Para dónde van los vinos?

Le contesté con asombro:

—"¿Qué vinos?"

Y contestó alejándose:

— "¡Oh, perdón, no es para acá!"

Me quedé con la sospecha. Durante el día no comenté nada. Después del desayuno fuimos a visitar algunos monumentos. Entre ellos, el Templo del Cielo, el más bello de China. Es un prodigio de armonía, con sus marcados tonos azules y dorados. Es un privilegio contemplarlo, está situado al sur de Pekín. Antiguamente se abría dos veces al año, solo para ceremonias rituales. Desde 1949 está accesible al público.

También visitamos el Palacio de Verano, a orillas del lago Kunming. Se trata de un conjunto urbano donde se enlazan la arquitectura, la luz, el agua, la naturaleza y el hermoso Jardín de las Aguas de Oro en una extensión de casi trescientas hectáreas. Este palacio era el lugar donde se refugiaban los emperadores en los días de verano.

Después visitamos la pagoda dedicada a Buda. Alta, muy alta, estirada con sobriedad y elegancia, terminada en una pequeña figura con punta afilada que desde lejos parece que estuviese amenazando al cielo.

Regresamos al hotel. Almuerzo y descanso. Por la tarde una visita a una fábrica textil. Era medianamente grande, fuimos recibidos por el propietario en un despacho bastante amplio, previo servicio de té caliente, frutas y galletas. Nos habló de su situación antes de la revolución y después de ella. Antes trabajaba para que su empresa creciera con miras a aumentar siempre sus ganancias porque pensaba en la seguridad de su familia: sus hijos estudiantes, sus padres ya viejos y él, único soporte. Ahora reconoce que se puede ser propietario sin explotar. Confiesa que tiene representantes de los trabajadores en la junta directiva de la empresa y así, se garantiza una distribución equitativa de las ganancias. También nos dijo que ya no le preocupa tanto la educación de sus hijos, porque su hija mayor estudia en la universidad siendo esta gratuita. Los dos menores están en la escuela, así mismo, sin costo alguno. Por lo tanto, así nos dijo:

—"Acumular riquezas ya no es mi prioridad".

Además, agregó que la revolución le había hecho descubrir otros horizontes: el de la grandeza por trabajar para ser más grande a su país. Entre más bienes se produjeran y la distribución fuese más equitativa, el país sería más fuerte y más grande y sus habitantes más felices.

Vuelta al hotel y descanso. Por la noche, la cena en el hotel. Pensé que no sería tan alegre porque había algunas despedidas. Compañeros de días de trabajo y de diversión regresaban a sus respectivos países a contar lo visto y lo aprendido. Al entrar al comedor, ya se habían reunido en una mesa varios compañeros, casi todos asistentes al encuentro juvenil internacional. Al verme, me felicitaban y cantaban canciones de cumpleaños en varios idiomas. Me abrazaban, me deseaban felicidad. Era 13 de agosto de 1954 y estaba en Pekín, República Popular China, tan lejos de mi patria y de los míos.

Fue una sorpresa, pero no tan grande por la equivocación del camarada Liú y también por haberle comentado a Manuel Caballero lo de mi cumpleaños. Fue una noche inolvidable. Estaban presentes los brasileños, alegres y bullangueros como siempre, el chileno con la formalidad de su delegado socialcristiano, el colombiano, los mozambiqueños, entre ellos un poeta, dos cubanos siempre con el chiste a flor de labios y también la chica canadiense con su hermosa voz. Me colmaron de tiernos y pequeños presentes: pañuelos, abanicos, pequeñas muñecas chinas, budas, latas de té bellamente decoradas, etc. Un despliegue de cariño y solidaridad que nunca olvidaré en estos mis 23 años celebrados en un país distante al mío.

Llegó la cena. No sé cuántos platos desfilaron por la mesa. El pato a la pequinesa, como en ninguna otra parte en el mundo y el vino de arroz, acompañante apropiado al desfile de tantos platillos de diversas naturaleza y elaboración. Fue un concurso de arte culinario. Después de la sopa, las canciones. La única con buena voz, la canadiense. Intentamos entonar muchas canciones, solo la de los partisanos *Bella ciao*, logró unirnos todos al unísono. Luego hicimos una cinta humana y cantamos y bailamos rodeando las mesas de los demás comensales que nos aplaudían. Fin de la noche irrepetible de mi cumpleaños.

A los pocos días, mi amigo, camarada y paisano, Manuel Caballero, regresó a Moscú.

Llegó el día del paseo a La Gran Muralla China. Se encuentra a 65 kilómetros de Pekín. Esta colosal obra se empezó a construir en el siglo V a. C., como defensa ante las continuas invasiones de los pueblos bárbaros del norte que arrasaban con sus feroces cabalgatas vidas y haciendas. A mediados del siglo IV a. C., fueron consolidadas fortificaciones en una serpenteante cinta de una increíble magnitud y de una maravillosa osadía. Esta gigantesca obra de ingeniería fue reconocida posteriormente, en el siglo XVIII, como una de las maravillas del mundo. Tiene una longitud de siete mil kilómetros de largo. El ancho de la muralla permite que grupos de cinco caballos y carros con armas puedan circular por ella con facilidad.

Cuando estuvimos al pie de la escalera frente a la monumental obra cargada de siglos y de historia, pensé mientras alzaba los ojos:

—"¿Podré subirla? ¿Podré tocarla? ¿No despertaré del sueño?

Ante mi estaba la gran muralla: Azul ella, azul el cielo y azul la soledad que la circundaba. Empezamos el ascenso. Es de una simplicidad asombrosa, arena, piedras, ladrillos amasados, atados a una cinta que cual colosal serpiente se desliza sobre la tierra sin detenerse. Cruza valles, montañas, tierras de cultivo como protegiendo las vastas soledades. Mirando sobre ella y desde lejos se comprende que esa simplicidad de su estructura responde al llamado de la naturaleza que clama para que no se rompa su armonía. Sube y baja su ondulante figura hasta perderse en el lejano horizonte. ¿Sería que acaso China tuvo vocación de aislamiento o la obligaron a ello? Siempre estaba en guerra, pero no invadió nunca a sus vecinos. Fue derrotada y dominada siempre. Tenía una monarquía imperial incapaz de regenerar al país. Contantes revueltas populares la asolaban e imperaba una sociedad desintegrada. Por eso fue pasto propicio para su despojo. Fue repartido su territorio y sometido al poder extranjero. Era el tapiz de Asia, todos la pisoteaban. Pero un día ese tapiz se convirtió en ejército de millones de hombres y dijeron: ¡basta! Lucharon, salieron de sus cuevas, de sus montañas e iniciaron La Gran Marcha. Triunfaron, alcanzaron la victoria. Hoy La Gran Muralla es solo un recuerdo para China de su aislamiento y de sus derrotas.

Seguimos nuestro camino, verano, sol, la calzada es amplia, vista panorámica, puestos de vigilancia que suelen distar a uno o dos días de marcha. Empezamos el ascenso, subidas, trechos planos, descensos, otra vez subidas y a nuestro lado, hermosos paisajes y la muralla resplandeciente entre montañas cruzando valles y cayendo sobre lejanos horizontes. Decidí descansar un poco a la sombra de un recodo. Mis compañeros continuaron la marcha y dije que los esperaba de regreso. Me quedé pensando, soñando, contemplando y tocando piedras y ladrillos que fueron amalgamados por millones de siervos, hombres, mujeres y niños que dieron su trabajo y su vida en un tiempo que se convirtió en siglos.

Regresaron mis compañeros. Me gritaron:

—"¡Camarada, póngase de pie! ¡Comprenda que cinco siglos la contemplan!

Regresamos al hotel. Tras de nosotros, quedó la maravillosa obra, asombro de la humanidad.

Para la noche fuimos invitados a la *Ópera de Pekín*. Para nosotros, los habitantes del continente americano, ese era un espectáculo totalmente desconocido. Sabíamos que todo lo que surge de esta cultura está envuelto en períodos de siglos. Así, la denominada por los europeos Ópera China, nació en el siglo VIII. Este teatro tradicional es un arte que aglutina actuación, acrobacia, artes marciales, violencia, bellas artes, música y poesía. Estar sentada en una butaca frente al escenario es sentirse atemporal, solo existe el marco móvil y colorido del escenario. Hay más de trescientas variedades de teatro chino. La más conocida es la que estábamos presenciando, que se conformó tal como está ahora, en el siglo XIX; En el XIII se introdujeron variedades con actuaciones basadas en esquemas de rimas y personajes tipos como Dan (femenino), Sheng (masculino) y Chou (payaso).

La obra que presenciamos era un drama de gran violencia. El intérprete nos traducía y explicaba la trascendencia de la historia. Los instrumentos musicales de percusión aportaban mayor violencia y dramatismo a la trama. Así mismo, los instrumentos de cuerdas "desordenadamente" pulsadas le impusieron a la escena final el clima de tragedia y muerte.

Posteriormente asistimos a otras obras teatrales. Una de las que más recuerdo es el *Teatro de Sombras*. Tiene su origen en un juego muy popular. Creo que se remonta a lo más lejano de la historia del hombre. Está basado en el efecto al interponer las manos u otros objetos entre una fuente de luz y una pantalla o pared. De esta manera, con el movimiento se proyectan sombras que representa el argumento de la obra. Ver este espectáculo representado con tanta perfección resultó imborrable.

He leído y conocido a varias personas, entre ellos, a músicos con renombre que han llegado a expresar que la Ópera China no es ni ópera, ni música. Que es simplemente un "saco de gatos" y que China es un país "atrasado" en asuntos musicales.

La ópera europea nació en Florencia en el siglo XVII. Ya para ese entonces los chinos llevaban setecientos años de experiencia con el teatro dramático cantado. El término "ópera", usado por los europeos, fue acuñado a este arte escénico chino en sus traducciones. Por ende, toda comparación de ambos géneros –el italiano y el chino– debe ubicarse en contextos culturales, históricos y estéticos totalmente distintos.

Recibí una invitación para realizar una gira por las principales ciudades chinas. La primera ciudad visitada fue Tientsin (Tianjin), situada al sureste de Pekín. Es el principal puerto del norte de China y un importante centro de algodón, lana y metalurgia. En 1954, cuando yo la visité, era una ciudad de un conglomerado humano activo y trabajador, pero en una situación sumamente precaria. Había pocos medios de transporte; sólo abundaban las bicicletas. Hombres como motores humanos transportaban cargas pesadas en coches con dos y hasta cuatro ruedas. Es una ciudad costera, bañada por el Mar Amarillo.

Numerosos barcos yacían anclados en el puerto. Otros se alejaban dejando estelas en las aguas del golfo. El sol ardía y el viento enmarañaba los diversos olores del puerto: olor a mar, olor a pescado, olor a gasolina, olor a esfuerzos sobrehumanos de hombres trabajando.

La ciudad tiene historias. En junio de 1858 se firmó el *Tratado de Tientsin*, por medio del cual los ingleses, franceses, rusos y estadounidenses obtuvieron del gobierno chino el derecho a ocupar once puertos y a establecer delegaciones diplomáticas en Pekín. China dio un paso atrás y no cumplió el tratado. Esto trajo como resultado que a la ciudad de Tientsin la ocupasen tropas extrajeras. Hecho ocurrido el 24 de agosto de 1860. También en esta ciudad fue firmado el acuerdo entre Francia y China, 1884, en el que este último le cedió los derechos a Francia para apoderarse de parte de Indochina.

Otro acontecimiento de relevancia en esta ciudad fue el denominado *Levantamiento de los bóxers*. La ciudad fue destruida, pasando a ser administrada por una comisión internacional. Fue ocupada por los japonenses entre 1937 y 1945. En China había mucho resentimiento nacionalista por siglos soportando invasiones y humillaciones.

Este resentimiento acumulado desembocó en la sublevación de los *bóxers* en 1900, durante la cual las legaciones extranjeras en Pekín fueron sitiadas. Muchos de sus representantes encontraron la muerte, entre ellos, el embajador alemán.

Los *bóxers* eran considerados como patriotas. Eran miembros de una milicia unida en justicia que luchaban contra los ocupantes e invasores occidentales. Los europeos le pusieron el nombre inglés de "*boxer*" porque muchos de sus miembros habían practicado artes marciales chinas. Estas disciplinas eran conocidas por los occidentales como "boxeo chino".

En el mes de mayo decidieron actuar y con el lema de "apoyar al gobierno Qing y exterminar a los extranjeros", entraron a Pekín y atacaron el tendido telegráfico, la red de ferrocarriles que unía la capital con Tientsin, a los cristianos chinos y a todo extranjero que se encontraban.

Estos últimos se vieron obligados a buscar refugio en el Barrio de las Delegaciones, situado en el sur de la Ciudad Prohibida. Este barrio era un complejo residencial destinado para viviendas de los representantes diplomáticos. Estaba fuertemente custodiado, vigilado y amurallado. A pesar de las severas pautas proteccionistas fue asediado y atropellado durante cincuenta y cinco días por el ejército imperial y los *bóxers*. Estos dos se aliaron ya que por decreto imperial la monarquía les declaró la guerra a las potencias extranjeras. Eran ocho las potencias aliadas contra China: Estados Unidos, Reino Unido, Austria-Hungría, Francia, Alemania, Italia, Japón y Rusia.

Los británicos eran los ocupantes del puerto de Tientsin. Las autoridades portuarias, queriendo proteger a sus súbditos y legaciones, pidieron ayuda al gobierno de Pekín. Esta petición no fue atendida, pues ya existía una alianza con los *bóxers* y la corona asiática.

La situación se hacía más violenta y desesperada. Llegaban por mar contingentes militares extranjeros e infantes de marina que desembocaban en Tientsin cuyo destino era Pekín. El ferrocarril entre ambas ciudades había sido cortado y no pudieron pasar. Fue un triunfo costoso. El precio pagado fue muy alto. Tientsin fue bombardeada, masacrada, destruida por las fuerzas invasoras. La población estaba acorralada dentro de sus propios territorios. Las fuerzas chinas fueron al final derrotadas.

Estando la base del puerto ya libre, las fuerzas internacionales ocupantes marcharon con toda libertad hacia Pekín acompañadas por veinte mil soldados. China –ya vencida– ordenó por decreto imperial dejar de luchar. La batalla de Tientsin fue una demostración de resistencia, valor y coraje. Todavía, antes de retirarse, los locales asombraron a las fuerzas ocupantes con la precisión de su artillería.

Fue una derrota, pero esta sublevación tuvo una consecuencia de largo alcance. Una de ellas fue la siembra de la semilla del nacionalismo asociado a la independencia y a la soberanía del pueblo chino. Esa semilla brotaría varios años después con la proclamación de la República Popular China, en 1949.

Luego de un almuerzo de saludos y buenos deseos nos despedimos. Por la tarde, visitamos una empresa de textiles. Recorrimos sus instalaciones, nos hablaron los representantes institucionales de su situación actual y de sus proyectos. Con ese optimismo de confianza en el futuro, nos despedimos. Por la noche abordamos el tren y regresamos a la capital, al mismo hotel frente a la plaza Tiananmén.

Posteriormente, visitamos otra ciudad: Mukden (Shenyang). Llegamos a ella por vía férrea. Está situada al norte de Pekín y al noreste de todo el país. Es la capital de la provincia de Liaoning. Es el principal centro económico y cultural de la región. Está ubicada en las riberas del río Hun. Fue capital de China cuando era posesión Manchú. Estuvo ocupada por los japoneses desde 1905 hasta 1945.

Es una urbe industrial que produce materiales para la agricultura. Posee grandes minas de carbón que son –y eran– fuente fundamental para el uso energético del país. Es la ciudad más grande y poblada del noreste de China. Shenyang –o Mukden, como yo la conocí– era un centro en plena agitación laboral. Construían, reformaban y limpiaban los aún destrozos de los embates de los invasores japoneses. Pocos coches en la ciudad, muchas bicicletas y en el campo, los hombres y los mulos eran utilizados como transporte de carga. Había miseria. Me asombré de tanta orfandad pasada y pobreza presente, pero estaban de pie con orgullo, empezando a caminar hacia el mañana que es hoy.

Recuerdo que visitamos muchos lugares. Empresas que se iniciaban, escuelas cuyos niños al vernos se ponían de pie y nos dedicaban sencillas canciones. Aldeas cuyos habitantes nos mostraban sus avances en materia de viviendas en estos cinco años de revolución. Algunos nos contaron que habían vivido en las copas de los árboles y ya hoy estaban en tierra. Nos señalaban sus nuevos hogares. Eran construcciones de una sola planta grande y amplia, fabricada rudimentariamente, subdivididas en numerosas habitaciones o cubículos independientes unas de otras donde se alojaban varias familias orgullosas de sus logros. Nos despedimos con los mejores deseos por el futuro que les esperaba.

Como era una zona gran productora de carbón, fuimos invitados a conocer uno de sus yacimientos. Se encontraba un poco lejos de la ciudad. No era a cielo abierto, estaba bajo la corteza terrestre. Para poder entrar a ella, bajamos por un ascensor sujeto por gruesas guayas (cables de acero) que lo sujetaban para poder desplazarse. Fuimos dotados, antes de descender, de unas batas para protegernos, guantes, gorros para cubrir nuestras cabezas, anteojos especiales y así trajeados entramos al elevador. Aterrizamos en la galería de la mina. Esta era como un pasillo hecho artificialmente. Se utilizaba para el desplazamiento de los obreros y para la instalación de los instrumentos que servían de comunicación con las redes eléctricas y con los materiales útiles para la roturación del terreno.

Emocionados y nerviosos de sentirnos bajo tierra, mirábamos a todos lados con curiosidad. Había una comisión encargada de nuestro recibimiento. Uno de ellos era el encargado de suministrarnos información sobre el funcionamiento del filón o yacimiento. Nos dijo, quizás nos vio nerviosos, que todo estaba bajo control, que había canales para la ventilación, que había depósitos de agua y ascensores, como ya vimos, para subir y bajar a los trabajadores, que había una red eléctrica generada por una planta instalada bajo el yacimiento. Existían grandes poleas que se utilizaban para llevar hasta la superficie el mineral obtenido. Vimos en acción cómo roturaban la corteza terrestre y sacaban trozos de variados tamaños del preciado producto. A pesar de los ventiladores, el calor se hacía sentir. Después de ver, preguntar y observar, subimos a la superficie. Era un medio día, el sol se desplegaba en la zona con suficiente energía. Sofocados, nos despojamos de nuestras indumentarias propias de los trabajadores del carbón.

Nos pasaron a un salón adyacente a la mina y nos obsequiaron té, jugo y agua. Para mí, junto con el té, un par de pastillas que me invitaron a tomar. Indagué para qué y me dijeron que era vitamina C. La razón de la exclusividad de esta adjudicación de la vitamina la desconozco; supongo que se debió a mi aspecto sofocado que tenía. No se me ocurrió preguntarles.

Fue una experiencia inolvidable. Por eso cuando oigo informaciones de trabajadores sepultados bajo el derrumbe de una mina, me conmueve mucho el destino de los que bajo toneladas de tierra pasan horas, quizás días roturando, con ruegos al cielo esperando salir.

Después de agasajos y brindis por la solidaridad de nuestros pueblos, regresamos a Pekín al mismo hotel frente a la plaza Tiananmén.

Una mañana preparándome para el desayuno, tocó la puerta de la habitación el camarada Liú. Muy emocionado agitando un sobre en la mano, con voz entrecortada me decía:

— "Camarada María" –repitiendo varias veces, mostrando un sobre para mí.

Leo mi nombre y el intérprete traduce el texto del membrete, que decía:

— "Zhou Enlai, Primer Ministro y Ministro de Asuntos Exteriores de la República Popular China".

Incrédula abro el sobre. Una invitación para una cena. Comprendí la conmoción del camarada Liú.

Nos reunimos en el hall del hotel los invitados en el día y hora fijados. Salimos hacia el lugar de la recepción. Un salón no muy grande con varias mesas decoradas en forma asombrosamente sencillas. No había nada espectacular, pero los detalles eran notorios. Por ejemplo, un pequeño ramo de rosas rojas en el centro, eran en realidad rábanos o flores amarillas que representaban manzanas. Era un juego de gran sutileza con las frutas y los vegetales. Había flores naturales y plantas decorando el salón.

A la entrada, a mí me obsequiaron un par de rosas rojas. Fuimos ubicados en el salón. ¿Cuántos éramos? No recuerdo. Éramos jóvenes de varias partes del mundo. En la mesa en la que me ubicaron, los amigos de siempre. Llegó Zhou Enlai acompañado de un señor ya mayor. Entraron muy sonrientes, saludando. Nosotros todos de pie, aplaudiendo. Al sentarnos y cesar los aplausos, el ministro canciller tomó la palabra para darnos la bienvenida y expresar su alegría por nuestra presencia y con orgullo nos presentó a un gran amigo de la revolución, gran amante de la paz y de la juventud. Nos dijo que había expresado su deseo de estar con nosotros y que su nombre era Bertrand Russell: era nada más y nada menos que el Premio Nobel de Literatura del año 1950.

Nacido en el Reino Unido, filósofo considerado el más influyente del siglo XX. Así mismo, escribió sobre fundamento de las matemáticas, la física, el matrimonio, el control de la natalidad, los derechos de la mujer y la inmoralidad de las armas atómicas. Era un escritor sarcástico, lleno de metáforas que lo llevó a obtener el galardón máximo de la literatura. Pero, por encima de todo, era un gran y firme apasionado pacifista. Participó en múltiples manifestaciones y fue detenido por la policía en varias ocasiones. Tan constante fue su lucha que a los noventa años estuvo preso por participar en una manifestación gritando consignas y enarbolando banderas por la paz. Escribió en 1961 que "la idea de unas armas para el exterminio masivo es espantosa, algo que nadie que posea una chispa de humanidad pueda tolerar". Ese era nuestro acompañante. Tenía para entonces 82 años.

Se inició la cena con un brindis por la paz, por la alegría y la amistad de todos los pueblos del mundo. Pasaron por nuestras mesas numerosos platillos que contenían exquisitas y bellas presentaciones. Todas acompañadas de una tarjetica que explicaba el contenido del menú, pero estaban en mandarín. A intervalos regulares se levantaba nuestro anfitrión a bridar por la felicidad de nuestros respectivos países. Nosotros brindamos con nuestras copas alzadas con vino de arroz blanco o rosado, de acuerdo con el menú. Al finalizar la cena, comenzó la música, los himnos, las canciones. Todos tomados de la mano, hicimos una cadena humana y a través del salón bailamos entre las mesas. Zhou Enlai y Bertrand Russell participaban entre nosotros. Cambiábamos de manos en el transcurso de la danza y cantábamos. Me tocó, en esos rápidos cambios de mano, danzar y tener en una mano a Zhou Enlai y en la otra, a Bertrand Russell. Solo me quedó decir:

—"Bailé con los dos".

Una tarde, hicimos un recorrido con el objeto de visitar algunos templos de la ciudad de Pekín. En China se practican diversas religiones. Las que más se han difundido son la budista, la confucianista, la taoísta y la musulmana. La religión budista fue introducida en China desde la India. Confucio y Buda no son dioses sino, hombres santos amados por sus extraordinarias grandezas morales.

Entramos a algunos templos budistas. En su interior se disfrutaba de una gran tranquilidad. Los monjes elevaban sus oraciones con voces guturales y profundas. El ambiente era de semipenumbra. Los visitantes caminaban acompasadamente, respetando la solemnidad del momento. En las afueras del templo, decoraciones exuberantes y leones con espectaculares formas, feroces unos, pacíficos otros.

Las pagodas son también sitios de veneración. Son edificios verticales de gran hermosura y recogimiento. Gran número de ellas embellecen los alrededores de Pekín. Vistas desde abajo, se ven tan altas que parecen escaleras para alcanzar estrellas.

Un día, en una de las visitas que le hicimos al fabuloso Palacio de Verano, el guía nos invitó a conocer un hermoso edificio que se levantaba en las cercanías. Ya lo habíamos admirado desde lejos por su armoniosa y tradicional arquitectura. Al acercarnos, se nos dijo que ese monumento era nada menos que la sede de la Universidad de Pekín. Estaba rodeada de hermosos parques y de inmensas latitudes verdes. El *campus* es de una belleza impresionante; kilómetros de verdor que se extienden sin precisar su fin. Por sus pasillos pululaban grupos de jóvenes charlando alegremente. Las aulas estaban vacías, se nos dijo, porque los estudiantes estaban en receso de verano.

La institución fue fundada en 1898 con el nombre de la Universidad Imperial de Pekín bajo la última Dinastía Qing. Es pública y gratuita desde el ascenso al poder del presidente Mao. Cuenta con una destacada biblioteca que fue fundada en 1902 y dispone de una nutrida cantidad de colecciones raras y antiguas las cuales son utilizadas como referencia en toda Asia.

A lo largo de la historia, la Universidad de Pekín ha desempeñado importantes roles como centro de movimientos intelectuales. En la década de 1920, la universidad se convirtió en el epicentro de los movimientos progresistas del país. En ella, se han fraguado numerosos actos revolucionarios. Uno de los más importantes y trascendentales fue el movimiento estudiantil del 4 de mayo 1919. Mao llegó a decir que la Revolución China se divide en dos períodos: antes y después de ese 4 de mayo.

En enero del 1911 cayó la última dinastía, la Qing, después de más de dos mil años de imperio. Se considera este hecho históricamente como el primer período revolucionario, el cual se extiende hasta 1919. Dentro de este período, se liquidó la monarquía y se proclamó la República. Se eligió como presidente a Sun Yat-Sen quien dimitió luego. China tenía un nuevo gobierno, pero totalmente inoperante. Durante este período existió una República, pero incapaz de resolver las esperanzas y necesidades del pueblo. Todo seguía igual. Las potencias extrajeras y sus súbditos conservaban sus privilegios. La burguesía seguía asentada en sus tronos aferrada a sus intereses económicos. Ni la clase obrera, ni los campesinos existían como entes políticos. Las esperanzas del pueblo chino, despertadas al comienzo, se volvieron a dormir. Los caudillos estaban tan fortalecidos como antes de 1911.

En el mes de mayo de 1919, todo seguía igual: La frustración calando duro en las vísceras del pueblo chino. Un nuevo movimiento político estaba germinando. Era una luz nueva en el camino. Los estudiantes y profesores de la Universidad de Pekín, cansados de la política entreguista y pasiva de los nuevos gobiernos ante Japón y las potencias europeas que seguían negándose a renunciar a sus privilegios colonialistas, se lanzaron a las calles en una gran manifestación que incluía marchas, huelgas, boicots, consignas tan contundentes que obligaron a dimitir al gobierno de Pekín. Hay que considerar el apoyo que tuvieron con los estudiantes de la Universidad de Shanghái.

Se le da tanta importancia a este movimiento estudiantil, que algunos ideólogos consideran que el Partido Comunista Chino nació, entre otras fuentes, de los sucesos del 4 de mayo de 1919.

Dos aspectos relevantes de este movimiento fueron el político y el literario. En el sentido político, surgieron dos tendencias: por un lado, la tendencia reformista de Sun Yan-Sen, donde muchos veían la posibilidad de lograr la reunificación nacional. Por el otro, la de la izquierda radical. En esa época aumentaron los adeptos al movimiento comunista y ello conllevó a la fundación del partido en 1921 en la ciudad de Shanghái. La corriente reformista se manifestó en favor del uso de la lengua vernácula en la literatura y en contra de la inclusión de expresiones extranjeras. Esta huelga estudiantil también sirvió para que los dirigentes políticos se convencieran de que una alianza con las masas era el único camino abierto para llegar a la revolución.

Al regresar de uno de esos paseos, el camarada Luí me comunicó que había llegado una invitación para visitar varias ciudades situadas al sureste de China. Entre ellas, Nankín, Shanghái, Hangzhou, Chongqing y Cantón. Felices el grupo de jóvenes invitados, nos preparamos para el viaje, con algunas recomendaciones. Una de ellas se refería a mí para ratificar la decisión de no tomarme fotos por razones relacionadas con mi protección, ya que yo había manifestado mi determinación de regresarme a Venezuela. Allí, el régimen dictatorial de Marcos Pérez Jiménez seguía con su implacable persecución y muerte.

Visión

Preparados y decididos iniciamos el viaje rumbo al sur. Abordamos el tren que sería nuestro medio de transporte por un buen tiempo. Pasaron largas noches y días en que solo oíamos el traquetear y el lamento del tren en su silbido. Había tiempo para pensar, leer, soñar y ubicarnos en el lejano universo en que nos encontrábamos. Muchas noches volvía a mi tierra y visualizaba la casa de mis padres. Confiados estarían creyéndome en México, pero no tuve alternativa: era la seguridad de ellos y la mía. Después de una larga noche, el tren se detuvo en Nankín, ciudad muy ligada a Shanghái geográfica e históricamente.

Es capital de la provincia de Jiangsu, situada en el delta del río Yangtsé. Nankín fue fundada en el año 495 a. C. Es una de las cuatro grandes ciudades antiguas del país, habiendo sido capital de diez dinastías. Ha sido centro económico y político del sureste de China durante más de mil años.

Desde esta ciudad, el primero de enero de 1912, Sun Yat-Sen proclamó la Primera República de China. Fue su primer presidente. Todos los historiadores concuerdan en que Sun fue el fundador de la China moderna y el primer revolucionario. Mao escribió que, en rigor, "la revolución democrática-burguesa, antiimperialista y antifeudal fue iniciada por el doctor Sun Yat-Sen".

Pertenecía a la burguesía de izquierda, se educó en el exterior. Estudió en varias escuelas inglesas y norteamericanas. Siguió los estudios de medicina en Hong Kong, donde se graduó. Su mentalidad era burguesa occidental, sobre esa base formó su ideología revolucionaria y luchó por la sustitución de la milenaria monarquía. Quería una república independiente y libre.

Sun murió en Pekín en 1925, cuando intentaba unificar al país que estaba sumido en una completa anarquía. Caudillos independientes gobernaban fracciones de la nación. Mandatarios de provincia, amos y señores de sus predios. El gobierno de Pekín era impotente para mantener la unidad del país y amenazaba con entregar China al Japón. Ante esta caótica situación los intelectuales, los estudiantes progresistas de las universidades de Pekín y Shanghái se plantearon un concepto nuevo de revolución con rescate de la soberanía nacional democrática y antifeudal. Estos conceptos de nación calaron pronto entre la juventud universitaria y dieron origen al ya mencionado movimiento del 4 de mayo de 1919.

A la muerte de Sun, el Partido Kuomintang que él dirigía se dividió en dos alas totalmente enfrentadas: una de derecha, antidemocrática y militarista, acaudillada por Chiang Kai-Shek; y la otra de izquierda que controlaba el gobierno de Cantón. Esta ala de izquierda se nutrió de intelectuales progresistas, optaron por el socialismo marxista y fundaron el Partido Comunista Chino que fue el que llevó triunfalmente la revolución.

En 1926, teniendo Chiang el control del Partido Kuomintang, constituyó un gobierno en Nankín y en 1927 la nombró capital de China.

La lucha entre el partido comunista y el Kuomintang se extendió por veintidós años.

En 1937 las tropas japonesas atacaron y ocuparon Nankín. Allí se produjo una verdadera masacre y pasó a la historia como "La Masacre de Nankín". Los combates librados en sus calles fueron feroces. Se luchó por cada pedazo de patria. Se calculan los muertos en más de trescientas mil personas, pero en vano combatieron. El control de la ciudad quedó en manos de los japoneses. Esa situación se mantuvo hasta 1945. En ese año, fin de la Segunda Guerra Mundial, la ciudad se convirtió otra vez en la capital de China hasta 1949 cuando se proclamó la República Popular China y la capital volvió a Pekín.

En esta ciudad estábamos de "visita relámpago".

Mencionar su historia sembrada de tantas muertes y a su vez de tanta vida, entrelazadas todas como una cadena, conmueve. Recorrimos sus calles. Calor y humedad sofocantes. Encontramos una ciudad sumida aún en la pobreza, bicicletas y *rickshaw* (vehículos de tracción humana) por todas partes. Intensa actividad en las zonas fluviales y en el centro de la ciudad. El puerto fluvial es uno de los más importantes del país. Nankín estaba unida a Shanghái por ferrocarril y la distancia es de trescientos kilómetros. En los alrededores de la ciudad se encuentran las tumbas Ming, majestuosas y muy visitadas. De los astilleros sobre el Río Yangtsé salieron colosales navíos para explorar los mares del sur.

Se observaba en la población el afán desbordante por reconstruir y construir el futuro. Estoy segura de que, si hoy pudiese visitarla, no la reconocería. Leo y veo por televisión que hoy es un gran emporio económico de gran interés, en donde acuden visitantes y compradores de todo el mundo, sobre todo en las famosas ferias de primavera y de otoño. Con esta limitada visión de la ciudad y con esa visión futurista, tomamos rumbo hacia Shanghái.

Shanghái es la ciudad más populosa de China. El contraste con las demás ciudades visitadas era sorprendente. La influencia europea es notoria. Por su arquitectura, pensábamos que habíamos salido de China. Contemplar los altos edificios, sus colores, todo era diferente. Sus calles, sus avenidas, eran multitudes de personas que circulaban por ellas. Muchas bicicletas, no tantos automóviles y muchos *rickshaw* que oficiaban de taxistas. Recorrimos una gran avenida hasta llegar al hotel. Era muy distinto a todo lo visitado. La decoración, los detalles, la atención, todo muy europeo. Mi habitación, creo que estaba en un quinto piso. La ventana daba hacia un bulevar y a la vista el hermoso espectáculo de un río:

el Huangpu. Barcas cabeceaban en sus orillas y el sol penetrando en sus aguas levantaba destellos. En el bulevar y en sus adyacencias, multitudes de personas en constante movimiento como un desbordante hormiguero.

Volví los ojos hacia mi habitación. Todo colocado ordenadamente. Sobre una mesita, un tarjetero con los servicios que prestaba el hotel: peluquería, gimnasio, masajes y algunas tiendas en la planta baja. Mi primera visita fue a la peluquería para cortarme el cabello y hacerme un peinado.

Shanghái era el mundo de la seda, de la lana y del algodón, actividades económicas que situaron a esta región a la cabeza de China. La industria de la seda disponía de modernas maquinarias aún, cuando gran parte de su elaboración se hacía a mano. Eso daba un gran valor a sus tejidos. La lana es la materia prima de los grandes telares. Los hilados de algodón eran elementos de grandes talleres. La industria del vidrio es tradicional al igual que la porcelana que es elaborada con gran maestría. Las sombrillas y abanicos conocidas en todo el mundo por sus bellezas eran fabricadas de forma artesanal.

Visitamos una factoría de la seda, recorrimos sus talleres. La dedicación que los trabajadores le ponían a sus tejidos era muy especial. Fuimos recibidos por directivos de la empresa. Nos hablaron del desarrollo positivo que han obtenido en estos cortos años de revolución, de los planes que tienen para el futuro y de las experiencias que tienen sacadas del camino ya transitado. Así mismo, asistimos a una fábrica de sombrillas y abanicos. Observamos cómo se hacían y mirar su elaboración era mezclarse en una fantasía de colores protagonizada por pintores y artesanos. Esa tarde fui de tiendas y compré un kimono y otros objetos personales.

Shanghái es el principal puerto de todo el país. De allí salen y entran los barcos que surcan los confines de los mares del mundo. Su situación geográfica le permitía tener la más grandes industria pesquera del país.

Estaba en Shanghái en 1954, cinco años después de la proclamación de la República Popular China y aún existían las ruinosas presencias del pasado. Mucha pobreza asomaba por doquier; desamparo en el vestir y en la mirada de las personas que transitaban por sus calles. El Partido Comunista Chino se había fundado en Shanghái en 1921 y este había hecho pacto con el Kuomintang. Pacto necesario para –así aliados–enfrentarse a la invasión japonesa. No obstante, en el mes de marzo de 1927 esa alianza se rompe y el General Chiang desató la más furiosa batalla de exterminio contra los comunistas. Fue una guerra a muerte: incontables los caídos y pocos los que lograron escapar a las montañas donde pudieron establecerse. Desde ese momento la lucha ya no sería urbana para el partido comunista y el apoyo se centró en el campesinado. Así logró Mao traducir el marxismo al vocablo rural. Fue un gran factor de éxito sin olvidar la vía militar revolucionaria. Se inició el largo y tortuoso camino en cuya meta estaba la victoria final.

Hay un libro que inmortalizó los acontecimientos trágicos de Shanghái, aquellas horas del *terror blanco* de marzo de 1927. La obra se llama *La condición humana*, del escritor francés André Malraux. Sus simpatías por la revolución china lo llevaron a participar, en 1926, en sus contiendas. En 1933 publicó su extraordinaria novela con la cual obtuvo el Premio Goncourt. En ella se narra por año, por mes y por horas los trágicos sucesos de ese brutal baño de sangre. Fue feroz e inusitado el exterminio de comunistas buscados uno a uno por toda la ciudad. Pero la matanza no se detuvo en los linderos de Shangai: la persecución siguió llegando a todos los rincones de China.

Recuerdo a uno de los personajes de la novela: está preso y a minutos de ser fusilado, piensa en su esposa rusa que logró escapar de la redada militar, en su padre del cual él era su único hijo. Trata de imaginar qué ruta tomarían ellos después de su muerte.

—"Es el remordimiento de morir", pensó.

Y mirando a los centenares de condenados que en la cárcel esperaban turno para morir, murmuró:

—"¡Oh! Prisión, lugar donde se detiene el tiempo que continúa en otra parte".

La novela pone al hombre frente a sí mismo, frente al amor, frente a la muerte, frente a la soledad y frente a la vorágine envolvente de la revolución.

El golpe fue de tan inusitada ferocidad dado por el General Chiang Kai-Shek contra el Partido Comunista Chino, al tratar de exterminarlo, que resultó lo contrario: lo hizo nacer. Ante tales circunstancias, el Comité Central del Partido Comunista Chino tuvo que huir hacia las montañas en torno a la figura de Mao para organizar la resistencia y prepararse para la lucha definitiva.

El viaje continuó. Próxima parada, Hangzhou, capital de la Provincia de Zhejiang. Me despido de la ciudad de Shanghái. Miro por última vez su bulevar. El caudal de su río que visita sus costas. Los pequeños barcos que se alejan rompiendo la línea horizontal que se divisa y los que se acercan, abriendo surcos en el agua. Es medio día, centenares de personas en la avenida se entrecruzan, tropiezan, llevan caminos opuestos, hay afán por llegar.

Llegamos por tren a Hangzhou. Llegar a esa ciudad es como llegar al paraíso. Ya lo dijo Marco Polo cuando visitó la ciudad a finales del siglo XIII, es el Catay, es el paraíso en la tierra. Tenía razón porque en esa armoniosa y apacible campiña está la ciudad idílica, la real y la soñada. En otros tiempos, por su situación y su belleza fue la capital del sur de China.

El recibimiento en el hotel, con la gentileza, elegancia y afectuosa forma. Flores en nuestras manos y golosinas en la habitación. Luego la bebida ritual: el té. Toda una ceremonia, variedad de hojas flotando aromáticamente en agua hirviendo. Era servida en preciosas tazas de porcelana diseñadas especialmente para tomar el té. Por la tarde fuimos invitados a pescar, pero antes hicimos un recorrido por la villa.

Hangzhou está ubicado en la desembocadura del río Qiantang. Dentro de la ciudad se encuentra el Lago del Oeste, rodeado de un paisaje hermosísimo de pagodas, jardines, árboles, edificios históricos que se reflejan en las aguas tranquilas. A lo lejos se vislumbra un paisaje sin orillas, fusión idealizada del hombre con la naturaleza.

En el año 2011 fue declarada la ciudad de Hangzhou patrimonio de la humanidad por la Unesco. Su belleza ha inspirado a poetas, pensadores y artistas desde el siglo IX. La hermosura tan espectacular del Lago del Oeste ha influido en los diseños de jardines en el resto de las ciudades de China, de Japón y de Corea. Hangzhou es considerada la ciudad más suntuosa y elegante del mundo y refugio de los grandes potentados. En los alrededores de la ciudad hay discretas villas con plantaciones de té y numerosos arbustos luciendo variados colores.

Luego del recorrido fuimos a pescar a un lugar aislado y paradisíaco del lago. Nos dotaron a cada uno de los elementos necesarios: caña de pescar, envase para depositar el fruto de la pesca, cebos, etc. Cuando nos disponíamos a lanzar el sedal nos dijeron que lo pescado sería el plato principal de nuestro menú en la noche y agregaron: "¡Suerte!". Yo no pesqué nada; era la primera vez que utilizaba una caña de pescar. Mientras mi sedal flotaba en las tranquilas aguas, me dedicaba a contemplar el panorama que me rodeaba. A lo lejos, barcas deslizándose sobre las apacibles aguas onduladas por el viento. El sol, ya en declive, pero todavía con fuerza para sembrar cráteres de luz en las aguas tranquilas. Seguíamos pescando. De vez en cuando, un grito de alegría por el logro de la pesca. Otros dando asesoría a los novatos, otros silenciosos concentrados en la punta final de su sedal. Así terminamos la tarde entre alegres y chistosos comentarios.

De nuevo al hotel. Descanso, ducha y arreglo para la cena. El plato principal fue el pescado, servido en decenas y variados colores y sabores. Presentados en pequeños platos tan artísticamente decorados que daba dolor estropear tan primorosa obra de arte. Algunos camaradas, contentos creyendo que estaban consumiendo el fruto de su trabajo.

¡Feliz mes de septiembre de 1954!

Pasaron los años y ya en mi tierra natal leyendo un periódico fechado en 1972, se anunciaba la visita del, para entonces, presidente de los Estados Unidos, Richard Nixon a la China de Mao. Entre las actividades y visitas que realizó, lo llevaron a Hangzhou e, igual que nosotros, lo invitaron a pescar al mismo sitio, seguramente buscando su pescado para su cena. No sé si se quedó sin cenar...

Visitamos las famosas empresas de la seda y de la industria textil. Los campos sembrados con árboles de té verde, rojo y negro famosos en el mundo han hecho de la zona un altar para venerarlo y disfrutarlo. Tres días pasamos en ese paraíso. Fue el descanso del guerrero.

La siguiente invitación: la ciudad de Chongqing. Está situada en la zona central de China. Era, para aquel entonces, la capital de la provincia de Sichuan. Hoy en día es uno de los cuatro municipios bajo jurisdicción central. Está ubicado en la confluencia del río Jialing con el Yangtsé. Es centro de navegación fluvial.

Para llegar a ella ya no tomamos la vía férrea, sino el avión. Por lo tanto, ya no veríamos tan de cerca el paisaje milenario de hombres y mujeres inclinados sobre la tierra, trabajadores agrarios que durante siglos han construido diques, canales, presas y terrazas para los cultivos. Hombres y mujeres con el agua hasta las rodillas, fango y semillas en sus cestas para llevar a la mesa el arroz, alimento principal que por siempre ha estado en la mesa del pueblo chino.

Un día de septiembre de 1954 abordamos el avión que nos conduciría a Chongqing. Sobrevolamos las zonas montañosas que fueron testigos de donde se forjaron las bases del futuro de la República Popular China. Fue en 1927, en Shanghái cuando el General Chiang Kai-Shek, jefe del Kuomintang, ordenó el exterminio de los miembros del partido comunista. Los pocos sobrevivientes de esa persecución huyeron a los confines de las montañas. Se refugiaron en aldeas habitadas por campesinos en precaria situación. La llegada de los perseguidos combatientes fue la primera piedra colocada en el andamio del futuro Ejército Rojo. El comandante

Mao, a medida que se fue ubicando en las aldeas, inició un proceso de organización. China era un país totalmente desintegrado. Cada aldea o ciudad tenía un poder político y social particular. Era entes individuales, en consecuencia, resultaba necesario organizar el poder revolucionario aldea por aldea.

El partido comunista –conocedor de esta realidad y ya ubicado en las zonas montañosas– emprendió la tarea de la reforma agraria, repartiendo la tierra entre los campesinos. Formó gobierno entre los pobladores de las aldeas y fue estructurando a su paso un componente militar, capaz de defender las conquistas conseguidas. Esta geografía fue su refugio transitorio, por el acoso obsesivo que desató el Kuomintang contra sus perseguidos. Tanto es así, que cuando los japoneses invadieron China, Chiang puso más interés en combatir a los comunistas de su país que a los invasores extranjeros.

Llegamos al aeropuerto. Recibimiento con flores, saludos y un nutrido grupo de jóvenes que nos daban la bienvenida. Después de tantas salutaciones, abordamos un pequeño autobús que nos llevaría hasta la ciudad de Chongqing. Empezamos el ascenso: aquello fue subir y subir. Pensé que no llegaríamos nunca. El paisaje que desfilaba a nuestro lado, era de altas montañas y profundos desfiladeros. La carretera, una ancha, blanca y curva línea escalonada. Muy abajo, en el fondo, había quedado el río Yangtsé, compañero constante del paisaje.

Al fin llegamos a la ciudad de altas y escarpadas montañas situada sobre un desolado macizo. Para nuestro asombro, pocas bicicletas, casas bajas, amplias avenidas, humedad y mucho calor. Chongqing está rodeada de colinas que parecen sus colosos guardianes y ponen el tono melancólico y suavizante al paisaje. Allí entendí cómo esta ciudad, de tan difícil acceso, se convirtió en capital de China por varios años bajo la presidencia de Chiang durante la guerra contra el Japón.

A pesar del calor y el pegajoso ambiente, paseamos sus calles con sus vendedores que ofrecían variados y abundantes vegetales y frutas.

Visitamos algunos lugares como la sede de una importante industria textil. Fuimos recibidos por los gerentes y empleados. Intercambiamos preguntas y respuestas sobre el presente y planes para el futuro. Todos con gran optimismo y seguridad. La industria de la seda es trabajada en esta capital con esmero y delicadeza. Se necesita un gran sentido artístico para laborar y lograr tan famosos y costosos tejidos.

La condición fluvial de Chongqing fue determinante, antes de la revolución, para el desarrollo de los intereses de los grupos financieros extranjeros porque aseguraban el transporte hacia el mar de los productos surgidos de los arriendos y concesiones otorgados a Japón, Gran Bretaña y Francia. Las redes ferroviarias presentaban parecidas situaciones. Se encontraban concentradas en un cincuenta por ciento en las provincias del norte y del noreste. Estas provincias estaban condicionadas a los intereses políticos y económicos de estos grupos. En las demás regiones, estas condiciones eran deficientes o inexistentes.

En 1949, las vías ferroviarias contaban solo con vente mil kilómetros. Por eso el transporte por agua era más satisfactorio. En parte, el desarrollo económico estaba fundamentado en sus puertos. Las carreteras, en vísperas de la Segunda Guerra Mundial, tenían un total de ochenta mil kilómetros. En las zonas ferroviarias se concentraba la masa obrera que para ese entonces no formaban una clase coherente. Eran minorías y sin consistencia ideológica. Razones estas por la que Mao escogió la vía rural que le proporcionaría éxitos y una nueva concepción del marxismo.

Durante la guerra chino-japonesa y luego de la masacre perpetrada en Nankín, Chongqing se convirtió en el refugio del gobierno del Kuomintang. Ello convirtió a la ciudad en foco de la atención de los gobiernos del mundo y del pueblo chino. Numerosas visitas de destacadas personalidades políticas tuvieron lugar en esta ciudad. La situación era la siguiente: Hacia finales de la década de los años 30, los japoneses ya controlaban el 40% del territorio chino, incluyendo puertos y zonas industriales. Contaban con la colaboración de la burguesía urbana y de algunos políticos convencidos del triunfo político del Japón. Creían que toda resistencia sería inútil. Así se lo hicieron saber al gobierno del Kuomintang con sede en Chongqing. Además, pensaban que, colaborando con los invasores, la destrucción de China sería menor. No obstante, fracasaron en su intento. El gobierno de Chiang no claudicó. Eso levantó una gran euforia patriótica. Chiang se creció y fue considerado como uno de los grandes de China.

El papel de los comunistas fue más modesto. Poco a poco, estos fueron tejiendo un sistema de bases guerrilleras que se fueron extendiendo en las zonas controladas por los japoneses. Estas bases eran nutridas por el campesinado local que traían en jaque a los nipones y atraían las simpatías del pueblo rural hacia los comunistas. Los éxitos del ejército rojo alarmaron al gobierno de Chiang.

Hacia 1940 la situación entre las partes se agravó y cayeron en enfrentamientos graves con sangrientos combates que confluyeron con su total rompimiento. A partir de 1943, las relaciones entre el Partido Comunista de China y el Kuomintang se consideraron interrumpidas. Este último recibía ayuda exterior desde lo alto de las montañas. Llegaban los soviéticos con los contingentes de ayuda militar y económica. Pero, la ayuda fundamental para Chiang fue la estadounidense. Con angustiosa necesidad eran esperadas las armas y las tropas. Chiang siempre evitó cuidadosamente declarar formalmente la guerra al Japón.

El alto mando estadounidense se volcó en apoyo al Kuomintang quien recibió consejeros militares y pertrechos para armar hasta 39 divisiones. A pesar de tanta ayuda material, desde el punto de vista político los norteamericanos desconfiaban de la capacidad militar del ejército chino y de su dudosa administración. Por estas razones el gobierno de los EE.UU. inició una serie de tentativas para lograr una relación negociada entre comunistas y el gobierno de Chiang. Estos consideraban que la actividad guerrillera era fundamental desde el punto de vista bélico. En junio de 1944, el presidente de los EE.UU. le recomendó a Chiang el restablecimiento de las relaciones con el partido comunista, pero este se negó.

En Chongqing el embajador norteamericano entró en relaciones con Zhou Enlai quien era el representante del partido comunista. Igualmente se logró una entrevista con Mao con quien se llegó a un acuerdo para lograr un gobierno de coalición china contra el Japón. Desde 1939 el gobierno chino mantuvo una estrategia defensiva mientras que los comunistas ganaban puntos granjeándose el apoyo de la población campesina y las bases guerrilleras que se multiplicaban cada día. Mientras que desde el gobierno de Chiang las largas tentativas bélicas contra los japoneses resultaron fallidas. En 1945 se desató una ofensiva general logrando al fin recuperar algunas provincias ocupadas por los nipones. El 8 de agosto de ese año, la URSS le declaró la guerra al Japón. Las tropas soviéticas avanzaron profundizando su penetración en tierras chinas. El día 15, Hirohito, emperador del Japón, dio órdenes a sus tropas de dejar de combatir. Este se había rendido incondicionalmente: la guerra había terminado. Sus soldados en China se batían en retirada.

La guerra con Japón fue fatal y onerosa para el pueblo chino. Le costó la muerte de casi catorce millones de habitantes. El Kuomintang aparecía ante el mundo como el ganador de la guerra, pero no ante el pueblo chino. Chiang había perdido su aureola de líder y no la recuperó nunca más. Los combatientes comunistas chinos quedaron con pocas armas, muchas simpatías en el pueblo y un ejército de 910.000 combatientes, esperando la hora para continuar la lucha contra Chiang.

La paz no había llegado todavía para China. La mayoría de los hechos relacionados con la guerra sino-japonesa estaban involucrados en la ciudad de Chongqing. Por eso los recuerdos, más cuando recorrimos algunos de esos lugares donde los sucesos ocurrieron. Todavía lloran las víctimas que sucumbieron en los combates contra los invasores. Se trata de una de las ciudades mayormente bombardeada y destruida durante la Segunda Guerra Mundial y yo llegué apenas nueve años después. Conocimos a personas que vivieron esos hechos y escuchamos sus relatos. Fue para sus habitantes noches y días largos de sufrimientos y de tragedias.

Atrás quedó la noche y al fin el día llegó con su luminoso sol señalando los nuevos caminos.

Ya en el hotel al final de la tarde, una invitación que nos hizo sacudir un poco las tristes historias contadas por los sobrevivientes de la guerra, fue la convocatoria para el día siguiente a un paseo por el río Yangtsé. Listos todos a la hora y lugar señalados por las autoridades locales, abordamos un barco que con antelación nos esperaba. La tripulación en pleno nos recibió. Nos dieron la bienvenida y nos condujeron al interior de la nave. Después de mostrarnos algunas partes del barco, subimos a cubierta que estaba preciosamente adornada. En el centro, una mesa con gran variedad de frutas y de golosinas expuestas con el más exquisito gusto. En torno a la mesa, un grupo de personas, la mayoría jóvenes camaradas chinos, nos saludaban y nos daban la bienvenida en nombre de la patria comunista recién nacida. Una vez terminados los saludos y discursos se rompió el hielo. Brindamos todos por la unión y la paz de nuestros pueblos. Alzamos las copas y con un "*¡Canbei!*" degustamos unos deliciosos vinos de arroz.

El barco inició su recorrido sobre el lomo espumoso del río Yangtsé. Cambiante el paisaje que se desplazaba a nuestro lado, montañas lejanas apretadas de árboles, desfiladeros brillantes de sol, farallones con sus lajas verticales tocando el río. Nuestros anfitriones, a medida que el viaje transcurría, nos daban información sobre el río. Por ejemplo, que es el mayor del continente asiático, que nace en el Tíbet y se viene deslizando de sureste a este para ir a desaguar al mar de la China Oriental después de recorrer 6.300 kilómetros, que es el tercero más grande del mundo después del Amazonas y del Nilo y que atraviesa ocho provincias.

Hay una parte donde las aguas se deslizan a través de corrientes custodiadas de lado a lado por altísimas paredes de piedra que levantan del río o caen a él. De la verticalidad de sus caras lisas, la luz y el agua chocando sobre ellas, hacen brotar destellos saltarines. Fue inolvidable el paseo por el río Yangtsé.

Para China, ese recurso fluvial es de gran importancia desde el punto de vista histórico, cultural y económico. A través de él se comunica el país con el mar y, por lo tanto, con todos los puertos del mundo.

Llegó el día de las despedidas y del descenso. Atrás iba quedando la ciudad sombría porque el sol le concedía pocas horas de su luz. También iban perdiéndose las empinadas montañas y los picos lejanos y solitarios. Chongqing, en el recuerdo, era un enclave de calles silenciosas, de personas andando y desandando, rodeado de montañas que cedían su verdor a la neblina para que transitara por sus predios en las tardes.

Cuando llegamos a tierra plana, el avión nos esperaba. Despedida y abordaje. Próxima visita, la ciudad de Cantón.

Ya sin montañas vigilantes, sin desfiladeros y sobre todo sin aquella altura que casi nos permitía jugar con las nubes, llegamos a Cantón. Esta ciudad está situada al sur de China y es junto con Shanghái y Tientsin, los tres puertos más importantes del país.

Está ubicada en el delta del río de Las Perlas que forma una llanura en cuyo centro se encuentra la ciudad de Cantón. Otros tantos ríos confluyen en ese delta y, entre ellos, el más importante es el río de Las Perlas. Esta ubicación le ha sido favorable para el desarrollo de la industria de la exportación.

La fundación de Cantón se remonta al siglo III a. C. Los primeros europeos en llegar a la ciudad fueron los portugueses, quienes se establecieron en el siglo XVI. Para el siglo XVIII, Cantón se había convertido en uno de los mayores puertos comerciales del mundo. Durante los siglos XIX y XX, Cantón fue el principal punto de salida de los emigrantes chinos. Se extendieron por el mundo buscando un lugar donde vivir mejor, si fuese posible.

Llegamos al hotel como siempre, con flores, saludos y gentiles ceremonias. El lugar lo recuerdo muy amplio como si estuviese construido dentro un gran parque, proliferación de plantas por todos lados, olor a flores y tierra húmeda. La habitación, arreglada tan perfectamente dispuesta que daba pena tocarla. La cama me llamó la atención cubierta por un blanco mosquitero que colgaba desde el techo, por lo que deduje, presencia de insectos. Fascinada quedé con aquel montón de muselina blanca cayendo sobre el lecho también blanco y con cojines de colores. Gracias a ese mosquitero pude dormir sin arroparme. El calor era sofocante, húmedo y pegajoso. El almuerzo de bienvenida fue muy formal y ceremonioso. La comida variada y especialmente deliciosa y como siempre, con una hermosa presentación. Habíamos llegado a la ya famosa cocina cantonesa.

Al día siguiente iniciamos el recorrido por la ciudad. La recuerdo amplia, luminosa y calurosa. Estaba contenta por caminar sus calles, mirar sus gentes, contemplar sus templos. La religión budista es la más influyente en la vida de Cantón. Visitamos un templo budista. En su interior había una hermosa pagoda, considerada la más alta de la ciudad y la llamaban "la pagoda de las flores". Fuimos a varias mezquitas, vimos edificios tradicionales con sus tejas esmaltadas y fantásticas esculturas asomadas con gran colorido. Parques de gran belleza con jardines y lagos en su centro.

Visitamos la Universidad de Cantón, que lleva el nombre de su fundador, Dr. Sun Yat-Sen. Sun fue el primer presidente de la República China, en 1912. Nació en la Provincia de Cantón, cerca de Macao. Fue dirigente del movimiento revolucionario que derrocó en 1911 al último emperador de la Dinastía Manchú, Puyi. Era un niño de cinco años. En esta, su tierra, Sun fue elegido por segunda vez presidente de China en el año de 1921.

Durante la guerra chino-japonesa, Cantón fue ocupada por el ejército nipón desde el 12 de octubre de 1938 hasta el 16 de septiembre de 1945. Cantón fue sede provisional del gobierno fugitivo de Chiang y liberada el 14 de octubre de 1949 cuando llegó el triunfo de Mao y su ejército. El sueño de Sun Yat-Sen se había hecho realidad.

Sun hizo de la lucha contra el feudalismo interno y el imperialismo extranjero los objetivos primordiales de su trabajo revolucionario. Al Kuomintang, partido que ayudó a fundar y dirigió, le dio una orientación de izquierda que luego de su muerte, en 1925, no logró perdurar. El Kuomintang se dividió en un ala de derecha y otra de izquierda. El ala de derecha fue desde entonces acaudillada de *facto* por el general Chiang Kai-Shek y el ala de izquierda, por Mao Zedong.

Para la última noche de nuestra estadía en Cantón, el hotel nos tenía una cena de despedida. Fue una velada para recordar, un derroche de delicada gentileza, de buen gusto en todos los detalles, predominando el color blanco en la decoración. Abrió el acto un miembro de la dirección nacional de la Juventud Comunista de China. Fue un discurso corto para agradecer nuestra visita y desearnos un feliz regreso. Así mismo, nos pidió que en nombre de las juventudes de su país lleváramos un mensaje de paz y de solidaridad para nuestros respectivos pueblos.

Luego se iniciaron los brindis y un ambiente alegre y distendido reinó todo el tiempo. La cena, un desfile interminable de platillos deliciosos, imposible sería decidir cuál era el mejor. Una pequeña tarjeta acompañaba a cada uno de ellos describiendo su contenido. Los maravillosos vinos de arroz fueron compañeros fieles de la cena. Los platillos continuaban pasando con su alarde de sabores y su bella decoración. Un camarada que estaba a mi lado los iba contando. Fue una larga cadena de comida pasando y saliendo de la mesa. Mi compañero de mesa me dijo que fueron catorce platos sin contar la sopa. Fue una gala del buen gusto y del saber de la cocina cantonesa. Al final, de pie, aplausos para los artífices de tan maravillosa obra.

Dejamos Cantón, la ciudad húmeda y calurosa. Su humedad se la reconocemos porque el agua la recorre por todos sus costados. De allí, la exuberancia de sus jardines, de sus parques y de sus árboles frondosos.

Un titán entre titanes

En Pekín nuevamente. En su aeropuerto, los niños pioneros con sus pañuelos rojos y sus flores dándonos la bienvenida.

Regreso al hotel frente a la plaza Tiananmén. Las calles tranquilas con un sol macilento alumbrándolo todo y una brisa muy fría penetrante en la piel. El contraste es brusco. Dejamos a Cantón con su calor sofocante y entramos a una ciudad fría anunciando el invierno. Por la noche, después de cenar, fuimos al Teatro Chino con un grupo de jóvenes recién llegados de Chile. Comentamos el espectáculo. Como siempre, una red de opiniones cruzadas.

Al día siguiente amanecí con tos y un poco de fiebre. El médico del hotel me aconsejó quedarme todo el día en la habitación. Me recetó un jarabe para la tos, negro, espeso y de un sabor muy amargo que cada vez que me tocaba la hora de la cucharada pensaba dos veces para abrir la boca. Menos mal que al día siguiente la tos fue más espaciada y la fiebre había remitido, pero me aconsejó el galeno, otro día de resguardo en la habitación. Aproveché el tiempo para descansar, ordenar los apuntes del viaje y leer revistas que algunos camaradas solidariamente me habían prestado. Desde las ventanas del hotel, me consolaba viendo cómo emergían de la Ciudad Prohibida las lejanas torres.

Durante el viaje estuvimos pendiente de las sesiones del Congreso Nacional del Pueblo, instalado en el mes de septiembre, con 1.226 delegados. El 20 de septiembre fue júbilo porque se promulgó la primera constitución de la República Popular China. El día 27 se eligieron las principales autoridades del país entre otros a Mao Zedong como presidente, cargo que ya poseía desde 1949 con la denominación de "presidente del gobierno popular central de China".

Escuchamos en el hotel la algarabía en la plaza Tiananmén. Prestando atención en lo que ocurría, tocan la puerta: es Liú, mi camarada intérprete. Me dijo muy emocionado:

—"¡Camarada María!" –La voz se le entrecortaba en la garganta. Estaba ahogado de la emoción.

—"¡Ha ganado el camarada Mao! ¡Es el presidente, lo acaban de proclamar!"

Por eso había fiesta en la plaza Tiananmén. Tentada estuve de asistir al júbilo, mezclarme con el pueblo, cantar, bailar, pero aún estaba convaleciente y la sugerencia médica fue de no salir.

Me quedé pensando: "¿Por qué tanta sorpresa por esa elección? ¿Había alguien, además de él, que con su liderazgo condujo al pueblo chino hasta alcanzar su liberación? ¡Si él cambió el curso de la historia!"

No creo que ese día, del 27 de septiembre, tenía consciencia en la soledad de mi hotel que estaba presenciando el comienzo de un hecho histórico, que desubicó del camino a las grandes potencias y trajo a la humanidad otra visión del hombre y su destino.

Llamada a la puerta. Otra vez Liú para decirme que estaba invitada a presenciar al día siguiente desde una tribuna de la plaza Tiananmén la fiesta del pueblo que se iba a celebrar en honor a Mao y a su gabinete. Agregó, además, que vendría para conducirme "a las diez y pico en punto" de la mañana.

Día de sol y alegría. La plaza llenándose de banderas que, desplegadas, bailaban con el viento. Tribunas colmadas, parlantes con himnos y proclamas, tensión en el público y la fiesta por llegar. Con la llegada del presidente Mao y su gabinete, comenzaron los desfiles. De colores se pintó la plaza, centenares de pioneros pasaron saludando, gritando, cantando y agitando sus pañuelos.

Después desfilaron los estudiantes universitarios. Se les aplaudían con fervor. Aún debe estar en el recuerdo del pueblo el papel tan importante desempeñado por ellos en el logro de la revolución. Fue el histórico 4 de mayo de 1919 cuando la Universidad de Pekín se convirtió en el gran foco de la transformación ideológica del proceso. Profesores, personalidades y estudiantes en pie de lucha contra los japoneses y contra las autoridades chinas complacientes a las apetencias intervencionistas. En otra fecha –la del 9 de diciembre de 1935– otra vez, los estudiantes a la calle. Gigantesca fue esa manifestación contra los japoneses exigiendo medidas concretas, no amenazas contra el invasor. Años después se le rendía con aplausos y honores a los estudiantes de la Universidad de Pekín que con su rebeldía sembraron consciencia nacionalista y rechazo a la dominación extranjera.

En todo el desfile, parte de nuestra atención se dirigía hacia la tribuna situada a nuestra izquierda, la del presidente Mao y demás acompañantes. Los vimos aplaudir, comentar y estar atentos a la inmensa dimensión de la plaza que fue copada totalmente por el desfile. Pasaron los obreros portando algunas de sus herramientas de trabajo como estandartes. Los campesinos, igualmente izando sus elementos laborales seguidos luego de multitudes con banderas rojas cerrando la gran fiesta del triunfo. Detrás de las banderas, los artistas con sus disfraces y máscaras multicolores, sus danzas acrobáticas y los armoniosos movimientos de los bailarines con cintas de todos colores que ondulaban por el aire, obedientes al control de unas manos a las cuales iban atadas.

Gran día de fiesta y un final feliz. Desde la tribuna presidencial, la comitiva encabezada por el líder Mao alzó sus manos hacia nuestras tribunas y hacia el público en gesto de despedida.

Regreso al hotel. Almuerzo, comentarios y descanso. El programa continuaba por la noche. No acudí al programa nocturno porque hacía mucho frío. Por precaución me quedé en el hotel.

Al día siguiente, otra sorpresa: el camarada Liú llegó muy emocionado con un sobre en la mano que agitaba con fuerza. Luego de calmarlo, le pedí que me entregara el sobre. Una vez que dejó de aletear, me lo entregó. Era... una invitación del camarada presidente Mao Zedong para mí a una recepción que daba a los invitados extranjeros que asistieron a su proclamación. Hora y lugar en la tarjeta y mi nombre en ella.

Desde ese momento comencé a pensar:

—"Voy a estar frente a uno de los personajes más importantes del siglo XX. El héroe de la Larga Marcha. Una de las proezas más increíbles".

Esta gesta fue un acto heroico de supervivencia. El partido nacionalista de Kuomintang, del general Chiang Kai-Shek, predominaba en China con una apariencia democrática. Pero la verdad era que se había convertido en un militar autoritario y déspota, apoyado por la burguesía y los sectores vinculados a los intereses colonialistas. Este imponía a la república una férrea dictadura. Al transcurrir el tiempo, los intereses del Partido Comunista de China y del Kuomintang eran totalmente opuestos. Un dramático y trágico enfrentamiento entre ambos tuvo lugar en Shanghái, en marzo de 1927, cuando Chiang desató la más cruel y despiadada matanza contra los miembros del partido comunista.

La novela *La condición humana*, de Malraux, cuenta la historia de esa masacre con un realismo apasionante, tal y como ya lo he comentado anteriormente. A partir de 1927, el Partido Comunista de China entra en la clandestinidad. Los que lograron escapar de Shanghái, se refugiaron en las montañas de Jiangxi donde lograron mantenerse por un tiempo. Allí constituyeron la denominada República Soviética de China y Mao fue designado su presidente. Además, crearon el ejército rojo con los campesinos que se fueron incorporando al combate.

A ritmo acelerado se llevó a cabo una reforma agraria, pese a los ataques persistentes de Chiang Kai-Shek. Las prácticas militares, el reparto de tierras y los cultivos seguían adelante. En cada comunidad que visitaban dejaban constituido un gobierno local. Encerrados en esas montañas, el asedio de las tropas enemigas no cesó. Varias campañas fueron lanzadas contra los refugiados logrando al fin tejerles un cerco que se fue haciendo cada vez más estrecho hasta dejar casi sin salida al recién nacido ejército rojo.

Ante la inminente amenaza de ser aniquilados, la decisión de Mao fue abandonar la región. Así comenzó la Larga Marcha, el 16 de octubre de 1934. Fue una decisión desesperada. Tenían dos alternativas: romper el férreo bloqueo al cual estaban sometidos o resignarse al exterminio total. Mao optó luchar por la vida y lograron escapar para asombro del ejército acosador. De esta manera, emprendieron la extraordinaria hazaña.

La organización y la estructura fueron cuidadosamente supervisadas por Mao como líder del partido. El componente humano de la marcha tenía como columna central al primer ejército rojo, aun cuando había otros grupos y unidades civiles y militares. A lo largo del camino se fueron incorporando nuevos integrantes. Detrás de ellos, el ejército de Chiang, más numeroso y preparado con las mejores armas y la orden implacable de perseguirlos. Para su campaña anticomunista de exterminio, utilizó un ejército con grandes y costosos medios de destrucción. Los usó en Shanghái en 1927, en sus noches de terror y de muerte.

Acosados los comunistas y expulsados de la ciudad se vieron en la necesidad de buscar refugio en las zonas rurales, en donde consiguieron tierra fértil para sembrar su ideología y sus métodos revolucionarios. Fue total el cambio en la dirección política. Así poco a poco fue surgiendo la revolución campesina. En la práctica demostró Mao que la teoría soviética de la revolución proletaria, con base en la clase obrera, no era para el momento el mejor método para China.

Con la gran masa campesina acompañándolo, Mao inició la dramática marcha. Las caminatas por día, como mínimo, cincuenta a sesenta kilómetros y a veces, hasta más de cien. Muchos no podían soportar semejantes pruebas y los dejaban al cuidado de campesinos simpatizantes que encontraban en el camino. Años después, cuando el triunfo se alcanzó, intentaron dar con el paradero de los camaradas encomendados, pero fue imposible localizarlos a todos. Hubo encuentros dramáticos, estallidos de grandes emociones cuando unos cuantos fueron encontrados.

Como jefe de esta odisea estaba Mao al frente del partido y lo acompañaban Zhu De, Lin Piao y Zhou Enlai. Los ataques del Kuomintang eran incesantes, no obstante, el apoyo de los campesinos locales fue de gran importancia, circunstancia que creó desesperación en las fuerzas enemigas hasta llegarse a anunciar su destrucción.

Es histórica la hazaña del cruce o paso del río Dadu, afluente del Yangtsé. Sobre él, un puente colgante unido por cadenas: el Luding. Para cruzarlo había que combatir sobre él. En la orilla del frente, las tropas del Kuomintang. El fuego graneado llovía sobre las tropas fatigadas de Mao, personas heridas o muertas caían al río violento y caudaloso. Es un río de montaña que baja enfurecido vomitando piedras y peñascos alborotado de espuma y absorbiendo todo en una sola bocanada. Se construían balsas y parihuelas para poder cruzar el río. Hasta los troncos de árboles fueron empleados como transporte. Llegaron bombarderos para atacar en picada a los caminantes. Dos batallones del Kuomintang arribaban para formar un cerco.

Fue una batalla dura, encarnizada, heroica y una leyenda para la historia. Las fuerzas de Mao atravesaron el puente suspendido a fuego cruzado. Desmoralizadas las tropas de Chiang, huyeron con la derrota a sus espaldas. No los pudieron detener.

La marcha larga continuó. Luego vinieron las montañas de nieve. Tardaron cuatro semanas en franquearlas. Luego las zonas pantanosas, las lluvias con sus deslaves, los ríos que crecían con lluvias desbocadas. Luego el verano seco y polvoriento. La caravana seguía, hombres, mujeres y niños fatigados, macilentos, enfermos de tanto devorar caminos. Más de un año para llegar al norte, a Yan'an, capital de la provincia de Shaanxi.

Finales de octubre de 1935. Entrada a la base comunista provincial. Era al fin la llegada. La población no daba crédito a sus ojos. La gente del lugar se fue agrupando entorno a los recién llegados. Miles de hombres y mujeres harapientos que parecían fantasmas. Los enfermos en parihuelas. Una estrella roja solitaria diferenciaba a los soldados del grupo de campesinos.

El desplazamiento fue de sur a norte. Se prolongó por un año hasta octubre de 1935. Dicho desplazamiento se realizó hasta la remota Shaanxi, recorriendo a pie cerca de doce mil kilómetros a través de un territorio inhóspito, uno de los más peligrosos y difíciles caminos del mundo. Perseguida y acosada por las tropas enemigas que se encontraban poderosas y bien armadas, la caravana estaba compuesta por civiles, militares, mujeres y niños. Eran senderos sin caminos, sin puentes aptos para cruzar los ríos, bajas temperaturas, montañas para subir y abismos para descender. 130.000 salieron. Solo 30.000 llegaron. Fue una gesta de valor y tenacidad. Arribaron a la meta indicada donde implantaron la nueva base de la revolución.

La Larga Marcha fue el antecedente de la revolución china y, políticamente, elevó a Mao a la suprema jefatura del movimiento liberador. Así mismo, el ejército rojo se posicionó en un enclave estratégico: el norte con relativa seguridad para entablar una guerra de resistencia patriótica. El Japón había ocupado a Manchuria en 1931. Por lo tanto, ya tenían al invasor en casa. Ante el partido comunista se levantaban dos frentes: el Kuomintang –su acosador implacable– y los invasores japoneses. Con el prestigio de Mao por su acertada conducción de la Larga Marcha, por el culto que a su alrededor se fue formando la fe que sobre él se fue depositando, todo contribuyó a llevar a feliz término la revolución china en aquel memorable año de 1949.

Para llegar a ese año de victoria muchas luchas, sacrificios, triunfos y derrotas tuvieron que pasar todavía. Yan'an siguió siendo la base ideológica y operacional de la revolución, sus cuadros dirigentes se habían desplazado y operaban en muchas regiones de China organizando guerrillas y reclutando voluntarios. La convivencia en las zonas rurales y las relaciones políticas y personales con sus habitantes dieron sus frutos. Millones de campesinos se fueron agregando al combate. No solo la corriente combativa salió del campo: las ciudades también atendieron el llamado a la defensa y la independencia de China. Millares de estudiantes, intelectuales, obreros oyeron el llamado de Yan'an y la voz del héroe de la revolución.

Las bases guerrilleras se fueron extendiendo por toda China como gigantescas manchas de aceite, mientras el generalísimo Chiang seguía librando costosas e inútiles batallas contra los comunistas y los japoneses avanzando hacia el interior del país. Durante la segunda guerra mundial, en 1941, Japón atacó Pearl Harbor y EE.UU. intensificó el apoyo a Chiang Kai-Shek y a su ejército. Estos recibieron de sus aliados y consejeros militares pertrechos suficientes para armar a treinta y nuevas divisiones. Este apoyo los colocaba militarmente superiores a las fuerzas de Mao, quienes tenían que librar un doble combate contra los japoneses y contra el Kuomintang. China sufrió durante mucho tiempo el ataque del imperio japonés. El Japón se rindió debido al final de la guerra y luego del ataque nuclear estadounidense desatado sobre las ciudades indefensas de Hiroshima y Nagasaki. Ese terrible hecho no significó que la paz había llegado para la República China. En agosto de 1945 un prepotente y eufórico Chiang salió ante su pueblo como el gran vencedor de la guerra contra Japón, afirmó que él los desalojó y derogó los injustos contratos. Agregó que él había sido el gran conductor de esa lucha hasta lograr la derrota definitiva. El Imperio del Sol se había apagado, pero no debido a Chiang.

La situación real de China para ese momento era la siguiente: por primera vez en muchos años tenía plena soberanía. Desalojados los ocupantes, ella regía su destino. No obstante, el pueblo estaba viviendo en condiciones lamentables de pobreza y sometido a los numerosos caudillos rurales. La guerra había dejado estragos de miseria y muerte. En las ciudades la escasez de alimentos y la inflación estaba desbocada mientras que Chiang seguía fomentando esperanzas ofreciendo una reforma agraria que nunca llegó, debido a que sus principales aliados eran los terratenientes y los banqueros. Por lo tanto, la ilusión de cambio era nula.

Los comunistas, después de la capitulación japonesa, continuaban en las zonas rurales, ocupando más de medio millón de kilómetros cuadrados en los que vivían noventa y cinco millones de personas. Esas zonas liberadas estaban aisladas unas de otras y lejos de la base principal que se situaba en la provincia de Shaanxi. Además, el asedio de Chiang continuaba. En esas zonas rurales controladas por el ejército de Mao se experimentaban nuevos sistemas políticos y económicos y había nacido ya una moral de combate de disciplina militar. Esta última cualidad no existía en las tropas del Kuomintang.

Frente a esta situación, Mao convocó a la dirección de su partido y las conclusiones derivadas de esa reunión fueron las siguientes: Como única vía posible para sacar a la República China del retraso, era el triunfo del Partido Comunista de China. Con la vista fija en ese propósito, China no debería seguir con el régimen feudal, fascista y antipopular y no debía establecerse un estado de dictadura. Es importante acotar que tampoco se debía instaurar uno socialista porque no era viable, ya que no estaban dadas las condiciones socioeconómicas requeridas. Mao proponía una alianza formal con el campesinado, la burguesía nacional y con el ala izquierda del Kuomintang para así poder vencer al poder terrateniente y a los financistas que aún se nutrían de los negocios pactados con las empresas concesionarias extranjeras. La otra meta acordada fue acabar con la influencia estadounidense.

Estas conclusiones a corto plazo y la capitulación japonesa ahondaron el abismo ya existente entre los comunistas y el Kuomintang. La guerra continuó. La situación de los bandos oponentes estaba así: El partido comunista era fuerte en las zonas rurales. Poseía una poderosa organización campesina, política y militarmente fortalecida. El Kuomintang estaba mucho más poderoso: con un ejército más numeroso y equipados con armas modernas y una gran flota de aviones de combate. Además, tenían el apoyo económico y el asesoramiento militar de los EE.UU. y de la URSS. Esta última era aliada del Kuomintang para ese entonces. Los comunistas chinos solo contaban con sus propios recursos y la dirección de su Gran Timonel, Mao Zedong con su ejército de campesinos que venían dando las grandes batallas en las zonas rurales. Solo cuando se sintieron fuertes y preparados, convirtieron las ciudades en campos de batalla. Así lograron triunfar y el poderío del gobierno del Kuomintang se derrumbó como un castillo de naipes.

Chiang Kai-Shek, derrotado, abandonó definitivamente el continente. Se refugió en la isla de Taiwán en diciembre de 1949. Fueron cuatro años de guerra civil. El 23 de enero de 1949, los comunistas entraron triunfantes a Pekín. El 1ro de octubre, Mao proclamó oficialmente la República Popular China. Ese acto fue de gran trascendencia histórica. Se despejaba para China un inmenso y brillante horizonte, miles de años quedaban atrás, de invasiones, de sometimientos, de concesiones, de humillaciones, todo eso quedó atrás.

Me disponía a asistir con gran emoción y alegría a una recepción invitada por el presidente Mao, el combatiente heroico, el unificador de un país-continente, el líder de un período histórico que estaba por comenzar, el conductor de una larga marcha, el mandatario recién elegido por el primer Congreso Nacional del Pueblo el 27 de septiembre de 1954. No se trataba de cualquier acontecimiento.

La noche de la recepción llegó. Liú llegó a buscarme puntual, como siempre, "a la hora y pico en punto". Arribamos a un salón no muy grande, hermosamente decorado, pero sin alardes. Ubicado, creo que, en un edificio sede gubernamental. Fui conducida a una mesa cerca de una tarima. Sobre la mesa, flores, copas, pequeños platos y en el centro, un jarrón de porcelana portando una bandera de Venezuela y el nombre de mi país estampado en una rectangular tarjeta colocada sobre una pequeña bandeja. Otras mesas estaban igualmente decoradas con los nombres de los países correspondientes. La mayoría de los invitados que iban llegando era gente joven, salvo la delegación chilena que –se nos informó– eran diputados al congreso de ese país. En la mesa que me correspondió yo era la única presente por mi país; el otro compañero que había asistido conmigo meses atrás a una reunión de la Unión Internacional de la Juventud, una vez clausurada, regresó a Moscú porque debía asistir a otro evento al cual estaba comprometido a ir.

De esta manera, esa noche me tocó la responsabilidad de representar sola a Venezuela. Me hicieron compañía unos jóvenes chinos. Eran estudiantes universitarios y uno de ellos, además, trabajador en una empresa textil. Entre nosotros, casi toda la conversación se centró sobre Venezuela. Muchas preguntas. Querían saber sobre tantos aspectos: la situación política, la producción, el nivel de la educación. En algunos casos me vi en apuros debido a que con frecuencia pedían datos concretos. Menos mal que mi intérprete era lento en la traducción, lo que me permitía un lapso de tiempo para ordenar las respuestas. Igualmente me ayudaron los pequeños platillos que con menudos alimentos nos iban pasando. Eran pausas que me ayudaban a coordinar ideas para contestar a tanto afán de conocer mi país. La música nos acompañó en todo momento hasta la llegada al salón del "Gran Timonel".

Todos de pie aplaudiendo con entusiasmo y alegría. Aproveché un momento para observar a mis jóvenes acompañantes chinos: aplaudían, murmuraban, sus rostros cambiaban de colores. Estaban tan emocionados que, pensé, quizás ellos no habían visto al líder Mao tan cerca. Nuestra mesa lindaba con la tarima. Lo vimos aplaudirnos y darnos la bienvenida. Luego un corto discurso sobre la inmensa tarea que por delante se le presentaba –a él y los dirigentes– como era la de cambiar la estructura gigantesca de la nación china. Habló sobre el largo y tortuoso camino transcurrido para llegar a este momento. No obstante, se logró llegar. Mao no pudo ver la república que hoy conocemos. Murió el 9 de septiembre de 1976. Lo mismo ocurrió con Zhou Enlai quien falleció el 8 de enero de ese mismo año. Fueron dos de los grandes forjadores de la revolución.

Terminado el discurso, Mao se fue acercando a las mesas de sus invitados, hablaba un rato con ellos, hacía un brindis (un mesonero lo seguía con una bandeja de copas llenas de vino). Así siguió de mesa en mesa hasta que llegó a la mía. Brindamos por la amistad de China y Venezuela. Unimos nuestras copas y con un "*¡canbei!*", las vaciamos. Antes de retirarse, me deseó salud y éxitos en las actividades políticas de mi país. Luego subió a la tarima, nos pidió a todos llenar las copas de vino para brindar todos juntos por la paz y la amistad de los pueblos del mundo. Nos saludamos, nos deseamos suerte, cantamos el *Bella ciao*, nos despedimos del gran líder y nos dijimos un adiós entre nosotros. Lo último que vi fue la figura de Mao de espaldas caminando hacia la gran puerta de la salida.

Regreso al hotel, cargada de emoción como una esponja. En la mesa de noche, el té caliente con galletas, infaltable obsequio a la hora de dormir. Me costó conciliar el sueño. Sin duda, fue un momento para recordar.

Pasaron dos días y el camarada Liú me avisó de que mi viaje de regreso estaba programado. La despedida en el hotel fue una rica cena, una hermosa mesa y un pato pequinés que estuvo exquisito. Fue el rey de la mesa, pese a que los demás platos ofrecidos estuvieron deliciosos. Como toda despedida, estuvo un poco triste. Con los compañeros que frecuentemente nos veíamos, compartimos promesas de escribirnos y deseos de volvernos a encontrar en alguna otra parte del mundo.

Al día siguiente, temprano, un grupo de camaradas de varias nacionalidades partimos hacia el aeropuerto. Fuimos allí despedidos por una representación de la dirección de la juventud comunista china. Hombres y muchachas portando hermosos ramos de flores que nos ofrecieron como una ofrenda de gracia por nuestra estadía. Camino al avión, y a punto de abordarlo, veíamos todavía aletear las manos de los camaradas, en son de despedida, que parecían bandadas de pájaros intentando volar.

Le dije adiós a China, a Pekín –o Beijing– como se le llama ahora, con sus casas chatas pintadas de alegres colores, sus calles estrechas y rectas avenidas, sus numerosas bicicletas y hombres pedaleando, unos cuantos autos. Aún la recuerdo con un sol naciente, poniendo luz en las lejanas colinas y estrellas en las puntas de las empinadas torres. La ciudad emergía, ocupando los nuevos caminos desbastados por años de luchas internas e invasiones extranjeras. Avistábamos desde lejos los campos roturados, poblados de simientes florecidos, obra de campesinos libres que disfrutaban de una reforma agraria largamente demorada que puso fin a la explotación de los terratenientes. Se estaba viviendo la primera revolución social de la historia de china, desde hacía más de doscientos años antes de nuestra era. Atrás quedó la hoy República Popular China con su tremendo desafío.

Volábamos ahora sobre Mongolia y ya el desierto de Gobi estaba cubierto de nieve. Retazos de verdor quedaban aún sobre sus lejanas montañas. A Siberia también la dejamos atrás.

Estadías por pocos días en Moscú y Praga. De Praga volamos hasta la Península del Labrador, donde pasamos un tiempo relativamente largo que me permitió comprar algunos objetos típicos de la zona. Luego aterrizamos en Monterey –ya tierra mexicana– donde quedaron pasajeros y otros abordaron el avión. La última parada: la Ciudad de México. Llegamos en una madrugada de tempestad, una muy violenta se había desatado sobre la capital. La luz de los relámpagos se abatía sobre las alas del avión. No podíamos aterrizar. No sé cuánto tiempo estuvimos sobrevolando la ciudad, esperando que apaciguara la tormenta. Al fin tocamos tierra. La ira contenida del cielo se había ido a descargarla en otras latitudes.

Llegué a esta ciudad en el mes de octubre de 1954. Una vez conseguido alojamiento, presenté el informe de mi viaje ante la representación del partido comunista venezolano en el exilio. Cumplida mi misión política, fui a la Universidad Autónoma de México a informarme sobre mi situación académica. Tenía perdido el año por falta de asistencia y el pasaporte venezolano se me había vencido.

www.ingramcontent.com/pod-product-compliance
Lightning Source LLC
LaVergne TN
LVHW050316160826
845677LV00014B/3430
* 9 7 8 9 8 0 6 3 9 4 7 3 5 *